高效说服力

当事实不再重要，如何说服他人改变主意

[美] 李·哈特利·卡特 著
王佳薇 译

浙江教育出版社·杭州

致我的家人，没有他们我将一事无成

致 D，并向 3A 和 3B 致以我永恒的谢意

当事实不再重要

现今，在报纸和社交媒体上，许多人扼腕叹息“事实不再重要”。人们的叹息意在表达，在我们生活的这个世界里，事实可以被替代，而真相又似是而非，谎言持续不断、肆意散播，事实已不再具有改变思想的力量。但是，我必须告诉你一个业内机密：事实从未拥有过这种影响力。

1972 年，在“水门事件”频频抢占新闻头条后，理查德·尼克松（Richard Nixon）依然以压倒性的优势获得连任，原因就在于当时有关这一事件的解释莫衷一是。仅仅三年之后，斯坦福研究员做的首个研究就证明了，即使在事实无可辩驳并且观点已被证明是错误的情况下，人们还是会对自己那些不可理喻的观点抱残守缺。[1] 此后的数百个研究也都表明，当事实与人们的立场相左时，人们实际上还是会固守自己原本的立场。想要改变他们的想

1 罗斯·李（Ross Lee）、马克·R. 莱佩尔（Mark R. Lepper）、米歇尔·哈伯德（Michael Hubbard）:《坚持自我知觉和社会知觉：汇报范例中的偏向归因过程》（*Perseverance in Self-Perception and Social Perception: Biased Attributional Process in the Debriefing Paradigm*），《性格及社会心理期刊》32 期，5（1975.12）：880–92。

法，仅靠事实是绝对不够的。

究其原因则要溯源行为科学。在生物层面上，我们的大脑并无寻求事实的思维模式。相反，我们会迅速且下意识地对我们所赞同的观点进行处理并将之认定为事实。研究员米歇尔·吉利德（Michael Gilead）、莫兰·塞拉（Moran Sela）和阿纳特·马里尔（Anat Maril）做的《这是我的事实：证实无意识观点的证据》[1] 的研究也表明，我们的观点不仅难以改变，我们还会不自觉地抗拒那些与脑中已有观点相悖的事实。

更糟糕的是，所有人都深受这种因求证而产生的偏见之害。我们找到了佐证我们观点的证据并且择优挑选了能支持我们观点的事实。上文的漫画就完全体现了个中精髓。

证实现有观念的欲望，会使我们对与自己偏好观点不符合的数据进行最小化处理或直接视而不见。我们为新的事实贴上标签，

---

1 米歇尔·吉利德（Michael Gilead）、莫兰·塞拉（Moran Sela）、阿纳特·马里尔（Anat Maril）：《这是我的事实：证实无意识观点的证据》（*That's My Truth: Evidence for Involuntary Opinion Confirmation*），《社会心理及性格科学》（2018.4）：doi（数字对象标示符）：10.1177/1948550618762300。

认为出于某种原因，那些事实是错误的，或是具有局限性。对于那些与我们的世界观不相符合的真实信息，则迅速地决定不予理会。换种方式而言（觍着脸借用前同事的话），碰见与已有思维框架不符合的事实时，我们会抛弃该事实以维持原本的框架（相比建立一个新的框架，这样做更简单也避免了自我推翻）。

但是，人们并不止于排斥那些挑战了他们信念的证据，他们还更进一步。研究常说的“逆火效应”（The Backfire Effect）发现，当人们排斥他们不喜欢的证据时，他们对于自己原本观点的支持会更加强烈。伊丽莎白·克尔伯特（Elizabeth Kolbert）在《为什么事实无法改变我们的想法》（*Why Facts Don't Change Our Minds*）一文中写道，科学家们认为相比条理清楚地进行思考，在赢得争论上人类会更多地应用自夸的能力：“假如准确的信息对人们没什么帮助，他们就会轻看这些信息。”

看了这些内容你也许会心生绝望，其实大可不必。这些内容只是告诉我们，仅凭事实本身是无法让我们得到自由的。事实无法讲述我们的故事，也无法改变人们的想法，而决策往往不是充满理性的过程。如果你想与他人产生真正的联系并改变他们的想法、行为、购买习惯或投票意向，你就必须参与到这个过程中去，而不是仅仅将数据或是研究结果摆在他们面前。

本书的内容有关说服他人改变想法，这与迎合自己的出发点或是向唱诗班布道并不一样，而是关于该如何与不认识的人打交道、让他们赞同你的意见，甚至有可能的话喜欢上你。这是一个相当艰巨的挑战，因为你要克服的是听众会坚守原有立场的人类天性。你要向人们提供倾听你的理由，然后使用合适的方法为他们提供恰当的信息，这样的话，你就能够改变他们的想法了。

无论追求的是生活还是事业上的成功，都需要以高效说服力的相关技巧作为基础。简单来说，也许你已经拥有了最优质的产品、最完善的计划和最有效的策略，但如果你的叙述方法无法使听众与你产生共鸣，那一切都将无济于事。你将无法说服人们选择你的产品或是接受你的想法。

我要问你一个问题——这也是我经常问客户的问题——在有好的故事可以讲述和可以讲好你的故事两者中间，你觉得哪个更重要？大多数人肯定立即就会回答，拥有可以讲的好故事更重要。但是有好故事就够了吗？难道有了最优质的产品就肯定能称霸市场吗？最佳的战略总是能起到作用吗？你如何叙述故事和你拥有好的故事其实同等重要。而我和我公司的任务就是要确保我们的客户能够尽可能地用最好的方式叙述他们想要传达的故事，以及就某个重要问题发表他们的观点，而这也正是高效说服力的内涵。

2016 年的那个选举之夜，数百万名美国人紧盯着电视机，等待结果的宣布，到底是他们最期待的人选成功上任，还是他们内心深处最恐惧的结果悄然发生呢？我当时并未在家，而是顶着一头茂密的头发、化着浓妆，坐在福克斯电视台的摄像机前。尽管所有网上的民意调查都显示希拉里·克林顿（Hillary Clinton）会成为我们的首位女性总统，但是主持人和观察者还是想看看，我在 18 个月前做的那个研究是否有可能正确预测出大选结果：唐纳德・特朗普（Donald Trump）将入主白宫。

不论你对我的说辞有何感受，不论你希望我的预测正确还是错误，或者我自己是否希望预测能够准确，结果就摆在那里：我的预测没有错。但在这个问题上，我其实是个局外人。

当全国各地的女性都去投票站投出选票时，当主持人史蒂芬・考伯特（Stephen Colbert）让赤膊的舞者排队而立时，我是如何得出这个结论的呢？基于我多年在说服性语言领域积累的经验，我明白，特朗普准确地完成了达成其目标所需做的事情，而国务卿希拉里没有做到。选举后的研究也证实了我的观点。特朗普当选，不是因为参与投票的民主党人数少，而是因为之前投票给奥巴马的白人男性民主党人中有四分之一变换了阵营。他当选是因为他掌握了高效说服力的技巧。

在选举结果公布之前，微软全国广播公司节目（MSNBC）、美国有线电视新闻网（CNN）以及福克斯广告公司（Fox）播出了我们公司在整个选举过程中，对几乎每一场重要演讲、辩论和每一条广告所做的分析。显而易见的是，特朗普极具洞察力，这是因为他深谙高效说服力这门艺术。

我们必须承认的是，现在没有人可以做到毫无偏颇地回顾2016年的选举。无论你支持哪一方，你都会发现客观看待选举中发生的事情以及其中的原因是很困难的。而基于我刚刚讲述的原因，对于所有不支持特朗普的人而言，那些证明他做得很好的数据是很难被接受的。

你支持的人无法为你坚信的东西——无论是落败了的候选

人、失败了的地方倡议还是未获得更多支持的立法——进行有效的辩护，而你却只能袖手旁观。没有什么比这个更令人沮丧的了。你是否曾合上报纸或是关掉新闻然后满心沮丧地说：“明明这么简单！为什么他们就是不能更好地推广‘全民医疗保健/移民改革/自行车道变革’呢？”

同样重要的是，我所说的有助于特朗普获选的举措，是他向公众讲述故事的方式。在我看来，他的推特文章和不实言论从来都不是他成功的关键。而我的说服方法是，要基于事实和准确的信息，要以最佳方式来叙述真实的故事。

但是，如果我们将这种情绪宣泄出来，然后如同社会学家和语言学家那般对其加以审视，那么我就要请你思考一下特朗普参选成功的理由了。特朗普之所以能够赢得百万选民的选票，是因为他了解很大一部分选民希望听到的内容是什么。他了解自己目标选民的想法，他知道什么之于他们而言是重要的，并且他发现了能够吸引选民的最有效的方法：建立一个简单明了的主导叙事（Master Narrative），使听众可以记住并重复他传达的内容。支撑这种主导叙事的，是三大观点和若干依据，而且我们能够记住并重复它们。无论对特朗普是爱是恨，你都能明确知道他的竞选团队的理念。

过去的25年里，马斯兰斯基联合公司一直都在研究品牌使用词汇、信息和故事的方式会如何决定它们在市场中的地位，且这些研究一直处于该领域的前沿。马斯兰斯基联合公司之所以常年研究该问题，是因为他们认为，没有什么比看到一群杰出的人才倾注了多年心血，期望创造惠及消费者生活的产品，却无力说服消费者更令人沮丧的了。这群人之所以苦苦挣扎无法成功，是因为他们一直仅依赖于事实来讲述故事，或者是他们认为仅仅制造出最佳的产品就足够了。

其实并不够。

我的工作就是辨认、分析并创造出具有影响力的企业语言，以确保公司的成功，我服务的公司包括维萨信用卡、百事可乐、石油天然气生产商埃克森美孚、星巴克等等。我的公司也因此斩获了不少奖项，但于我而言更为重要的是，我们能够帮助到一些位居世界前列的公司，针对他们面临的最重要的挑战进行沟通。尽管事实本身对他们而言并不重要，但是让我感到自豪的是，我能够帮助客户们找到正确的方式来表达、组织、有的放矢地沟通，从而实现他们的目标。其实归根结底，这些就是高效说服力的精髓——掌握让人不得不听你说话的方法。

多年前，我曾担任一家通信公司的总裁，那时候我就深深地沉迷于语言表达。记得在高中的时候，我就意识到了真正的同义词并不存在。我曾在餐桌上固执地询问家人和客人，问他们怪胎、呆子、笨蛋和失败者这些词有什么区别。显而易见，这些词有时候可以互换使用，但是实际上每个词描述的都是一组并不相同的特征，它们也将截然不同的形象反馈到我们的脑中。

正是这种可以自动区分不同词语的能力，使得我们公司帮助星巴克的 VIA 速溶咖啡品牌化。VIA 速溶咖啡刚上市时，销量并未达到预期。于是，管理层来到我们公司希望我们能够调查个中原因。星巴克公司认为，他们为客户提供了更多的便利，但是当我们从消费者的角度观察这一产品时，我们发现“速溶咖啡”这个词让人联想到的是：他们在星巴克消费后得到的是什么。所以，我们将其更名为“VIA 免煮咖啡：瞬间感受星巴克的美味”。更名过后，消费者不再将 VIA 与小时候的速溶咖啡联想在一起，相反，他们想象到的是可以快速、轻松地获得星巴克牌咖啡。这被誉为消费包装产品领域最成功的案例之一，并成为哈佛商学院的教学案例。

掌握说服技巧对每个人都至关重要。虽然我的假设是，你阅读本书的目的是说服消费者购买你的产品或是说服同事和老板，但实际上在办公室以外你还有其他的角色和身份。在这些角色和身份上，这些技巧同样能够发挥作用。想象一下这些情况：有件对你来说很重要的事、你在与伙伴一同装修房子，或你想让孩子做他不想做的事情，现在你还能告诉我，当工作结束后，你就不需要用到说服技巧了吗？思考完这些，你就会意识到其实每天你都在做着“说服”这项工作——一天内可能就有不少次。

有鉴于此，我在书中所举的案例范围甚广，涵盖了商界、政界甚至是我自己的经历。因为，无论你是试图在家中分配家庭责任、在工作中启动某个项目、让你的孩子在学业上迸发更大的积极性，还是让你的岳母/婆婆不要干预你做的决定，这一切的根基都要回归到高效说服力上去。

无论你打算讲述的具体内容是什么，我都会告诉你五个基本步骤来帮助你获得所求。在本书的“附录”部分会提供一份指南，这样你就可以建立自己的“高效说服力计划”。

步骤一，我们从自身、提议和目标出发，确保我们拥有大胆的思维，但在自我评估上要相对保守。这两大品质是高效说服力的基础。

步骤二，你将学会与听众成功建立联系。不能仅从表面出发，不能将他们简单划分为不同的群体或类别——比如，50 岁以下的女性、千禧一代、乡镇学校董事会成员等。你需要花时间深入、诚恳地评估那些你真正希望与他们交谈的人，然后找到你与他们之间的共通之处。

不久以前，人们认为市场营销人员、通信员和政治家要做的就是爱上他们的目标受众。我们要花时间了解我们的客户：他们起床后会做些什么、他们喝哪种咖啡（或是没有喝咖啡的习惯）。通过这些市场调查，我们就能够了解他们的一切，并且对于发现的这些内容我们满心欢喜。尔后时光飞逝到了今天，现在我们对客户的了解比以往任何时候都多，但是我们对目标受众的热爱程度却降低了。事实上，如果你诚实地面对了自己，你还会喜欢他们吗？

似乎拥有的数据越多，我们与客户的关系就越发的疏远。作为挖掘和分析这些数据的人，我必须指出，这个问题很严重。我们经常需要为客户提供有关他们潜在客户偏好的相关信息，但是我们遇到了一个困难，即我们发现我们无法做到让客户在意这些信息。想说服某人提供给你你想要的东西，首先你需要熟悉那个人、关心他是谁，以及了解他需要什么。

这并不仅限于市场营销。想一想那些与你意见不同的人，你先要做的是去了解他们还是去改变他们呢？

我们正处于一场共鸣危机之中。无论是设法说服某人更换洗涤剂还是变更党派，与你的听众产生共鸣、分享并理解他们的感受都是至关重要的。然而，当今我们的交易方式令人厌恶。这一点在政治上体现得最为明显。竞选党派的虚华辞藻成为人们做出判断的依据之一，而后社交媒体还煽风点火。

现在，我们在文化上的认同感比以往任何时候都要强烈。过去，如果你想看新闻，只有三个电视台，里面讲的故事也几乎是同一个。而自从美国有线电视新闻网络在过去 20 年内兴起发展之后，情况就发生了改变。现在，你可以选择想看的、适合自己的新闻。如果我是保守党成员并且只看福克斯新闻，那么新闻里面讲的就只会是我想听的内容。而就我个人而言，我恰好属于保守党派，但我就观看自由党网的新闻并且阅读报纸上的反对派观点，原因是我想要了解与我观点不同的人是如何思考的，然而大多数人其实并不会像我这样做。如果你从政，那很有可能和你对话的都会是与你政见相同的人。在脸书上，你获取信息的资源仅来自点赞了你推文的人，而只有你愿意听到他们发声的人才会获得你的关注。即使是在现实世界中，我们也是在迎合我们的社区和学校，使得他们愿意留在我们的队伍之中。

但是，如果我们只同与我们观点一致的人进行交谈，那么我们就会形成错误的认知，以为所有人都赞同我们的观点。尽管社交媒体为我们提供了机会，让我们可以同世界各地无数不同背景的人建立联系，但研究表明，在过去的30年里，我们实际上变得更加孤立了。有研究显示，无论父母是民主党人还是共和党人，相比于同不同种族或宗教的人结婚，如果他们的孩子与对方党派的人结婚，更会使父母感到不安。虽然我觉得人们不再那么在意跨种族或跨宗教的婚姻是可喜可贺的——但事实真的是这样吗？虽然每每互相交流的时候大家都说自己的思想是开放的，但实际上我们只会对同意自己观点的人思想开放。

所以在步骤三我们会放慢脚步，学习我所说的积极共鸣。这是一种可以在社会科学、神经科学和生物学研究层面上帮助你建立共鸣的方法，让你可以打开心胸，细心倾听。

这一点很关键，因为人们常常把高效说服与操纵混为一谈。我能理解其中的原因。两者都试图影响和改变他人的行为，但操纵是不法行为，而高效说服不是。操纵转瞬即逝，你可以让某个人购买一个不好的产品——但仅此一次。高效说服建立的则是一种长期的关系，立足于诚实与共鸣。这一概念的出发点在于：我该如何得到我想要的东西？但是为了完成任务，就要转变为：我该如何提供他们需要的东西呢？具有说服力的对话始于他们，也就是你的听众。我们都了解，一方喋喋不休的对话与真诚的对话带来的感受是不同的。一则广告展示了这个情形：最喜欢的那个产品上添了些你一直不喜欢的元素；耐着性子参加完孩子的家长会后，却感觉什么问题都没解决；去约会，但从头至尾一个与自己有关的问题都没被问到。然后反过来，想象那些你真正与品牌、家长会、约会有联系的时刻，我想共鸣就出现了，因为向你邀约的那个人让你感受到你得到了理解。

在步骤三和步骤四中，我将打破语言策略中的基本组成元素，也就是真实性、主导叙事、论据、视觉语言和故事讲述，这样你就可以自信地构建自己的策略。

然后，在步骤五中我将教你构建策略所需的技巧，让你能够真正掌握自己的信息，坦然应对今后会遭遇的种种“风暴”。

在权威之声主导一切的时代，无论是来源于晚间新闻还是得到了消费者代理机构的印章认证，沟通都可以既具有理论性同时又是实际有效的。你张贴了广告，人们就会相信你许下的诺言。但是现在，观点的来源广泛，任何一个可以上网的人都可以接触到不同的叙事方式，因而你必须选择说服的情感角度来接触你的听众。

微妙至上的时代已经终结。

过去，沟通可以起到支持品牌的作用；而现在，沟通就等同于品牌。过去，候选人推销故事；而现在，则是故事推销候选人。过去，你的简历决定了你的定位；而现在，你的定位早已盖过了简历的风采。这些规则定义的不仅仅是未来几十年的政治，而且将决定公司的生存与发展，还会影响我们的生活，规定我们能否继续走部落主义的道路，即我们应该仅与同我们观点一致的人聚居，还是团结一致，互相学习。

一旦掌握了高效说服的简单步骤，你就可以通过自己的方式说服别人完成你想做的事情：同意你的预算计划、愿意雇用你、购买你的产品、给你回电话，甚至是投票选你当总统。

目录

1 你

第一章　大胆突破极限

不付诸行动的愿景只会是黄粱一梦；仅有行动却无愿景也只是虚度光阴。愿景与行动相伴，方能改变世界。

——乔尔·巴克（Joel Barker）

本书讲述的是有效沟通。我想要做的就是教会你如何传达自己的观点，使之成为不容置喙的事实。但是在那之前，首先要确保的是，你想要传达的观点是正确的，是最佳的观点，是最重要的观点。

想要说服别人，首先需要了解自己想获得的是什么。这是你真正想要获得的东西，而不是经他人引导后相信可行或容易实现的东西。这不是别人对你的希望，而是你对自己、对公司或对志愿服务组织中最重要的议题的愿景。

每当我坐下开始跟客户探讨项目，我首先问的问题都是："你想要实现的是什么？"通常，人们告诉我的是大体的目标，就像他们在商业计划书里写的那样，然而我喜欢的是具体的目标。我想要准确地了解，对于他们而言什么称得上成功。这是因为，通常当我们说到要实现的东西时，是就全局意义而言的，但如果想要说服别人，笼统的目标是远远不够的。比如你说："我想要更受欢迎。"受谁欢迎？你说："我们想获得更大的市场份额。"在哪个市场获得？产品又是什么呢？你说："我想要升职。"想要升到什么职位呢？期望的薪酬增幅是多少呢？你说："我们希望有更多的人参与到阻止气候恶化中来。"参与其中要做些什么工作呢？什么时候开始做呢？实现高效说服在于具体化。我要的是所有的细节。我希望，通过你的描述我能准确了解你所期望的成功是什么样的。

在当今的社交媒体世界中，想让产品变得流行或者臭名昭著是相当容易的，但如果这样的流行并不是真的需要消费者呢？或者消费者其实支持不了产品的开发呢？那么你可以换一种成本效益相对偏低的方式来获取市场份额。现在有多少人实现了职位的晋升，却没有实现薪酬水平的晋升呢？这仅是部分例子，而我想让你立刻明白的是，为什么明确你的目标如此重要，甚至超越"被别人喜欢"这个目标。

具体化

首先要知道，回答这些问题是需要时间的。和在会议中为客户解决问题并不相同，回答这些问题需要深思熟虑，需要思考，需要剖析自我，需要具体化。如果无法做到具体化，你可能就不知道自己需要做些什么，你的团队也不知道你的目标，你甚至看不到成功就在眼前。做不到具体化，你面对的可能会是失败。

大学刚毕业时，我跟朋友格伦喝酒，他问我梦想是什么。我给出的答案有些含糊，我说："嗯，你知道的，找一份喜欢的工作和一个挚爱的丈夫，建立美满的家庭。"他皱着眉头看着我，又喝了一大口酒，然后他对我说："李，你说的可不是梦想。梦想应该是具体的、可视的。当我问你'你的梦想是什么'时，我希望你能准确地勾勒出你想要的那个画面。"我叹了一口气，低头看着杯中的酒，心想：**伙计，那太可怕了，如果我具体地说了却没能实现呢？如果我大声地说了出来却像个白痴呢？**我转了转眼珠，想换个话题。

格伦放下酒杯，直直地盯着我的眼睛，说道："让我告诉你我的梦想吧。15 年后，我会听着鲍勃・西格（Bob Seger）的歌，和朋友们一起坐在船上钓鱼。那船就停在我的码头上。微风拂过我的头发，我已经钓到三条大鱼了。妻子和女儿就站在码头上等着我。那可真是个史诗般的周六啊。那时我就会知道，我确信，我实现梦想了。"他说这些话时满怀信心，没有半丝嘲讽的意味。你猜现在还有谁会一边听着鲍勃・西格的《好莱坞之夜》，一边把自己的船抛锚停下呢？格伦会。

这么多年以来，我时常回想起那个夜晚。最终，在当时所描述的那个路径上，我为自己的职业生涯设定了伟大的目标，并且成功地达成了。然而，我还是常常害怕自己在个人生活中还像之前那样。最近的某个周末，我得知了许多朋友与我面临着截然不同的情况。无论情况如何，无论是在个人生活还是职业生涯中，要想获得你想要的东西，第一步都是要设定目标。

不受欢迎

最近，我们正服务于一家顶尖的制药公司。你可能也知道，自上次大选以来，制药公司就因为药品的定价问题深陷名誉危机。尽管确实存在成本上涨这样底层的原因，但行业中的不良行为还是让制药公司成了定价过分的典型［这要“感谢”马丁·史克雷利（Martin Shkreli）］。在进行焦点小组调查时，人们告诉我们他们认为所有制药公司都是“贪婪无度的——明明药品生产成本低廉，他们却定价高昂，从他人的不幸中牟取暴利”。我的客户听到这些后十分震惊，因为他们中的很多人之所以服务于制药产业，是抱着寻找治疗方法、开发改善人们生活质量的药品的初心的，他们希望可以为这个行业带来新变。他们都真心地认为，自己是奋斗在医治疾病和拯救生命前线的好人，而坏人只是其他那些医药公司。所以，他们需要做的就是展现出他们与那些公司的不同之处。

但如果他们真的想要重建与消费者之间的积极关系，解决的方法不仅仅是指出两者孰好孰坏，他们必须找到一种方法讲述公司创新制药和治愈疾病的故事，帮助消费者了解行业内部的真实情况。想要成功做到这些，公司的管理层不能只是说：“希望大家以更善良的眼光看待我们。”他们需要准确地知道他们希望被如何看待、他们希望自己的形象是怎样的，所以我们与他们齐心协力，努力发现怎样做才能真正有所进展。要想做到这一点，我们需要找到问题背后隐藏的真正问题。为什么美国人如此不信任制药公司？研究过后，我们发现，结果竟是出人意料地简单。人们不知道制药公司到底是干什么的，他们认为制药公司只做了自己之前所说的那些事情。

我们的研究数据显示，消费者认为制药公司生产药品并以高价出售。消费者并不会考虑到临床试验或研究的费用，他们也不会想到科学家也要参与其中，他们考虑不到任何推高药品价格的因素。因为在我们的文化认知中，负责急救的研发与发展的是其他机构：人们在寻求治疗方法时，首先想的就是慈善机构和学术机构。当你爱的人得了癌症或其他疾病，你首先要做的是什么？可能会是这些吧：寻求募捐；一路慢行、奔跑，甚至飞驰寻求治疗方法；向慈善机构求救。最后想到的才会是：**我最好还是给辉瑞制药、默克集团和诺华制药的首席执行官们写封信，问问他们在生产些什么药品吧。**这才是问题核心所在。

要想扭转局面，我们需要做的是说服那些有影响力的消费者，告诉他们制药公司不仅仅是药品制造商，他们其实每天都在寻求办法，治愈那些最为严重与最常见的疾病。

所以，这与是否要让别人喜欢你并无关系，只想被别人喜欢会使我们偏离主题、丧失效率。我们要做的是说服制药公司的消费者相信，制药公司是在帮助他们。要解决这个问题，可以运用接下来我在第三章和第四章中所提到的手段。制药公司要做的应该是发起一场运动，强调他们所做的产品研发工作，并强调是研发工作的成本提高了药品的售价，抬高了公司的股价，并帮助公司募集资金，展开接下来的药品研发，帮助病患的是公司在研发上投入的成本，而研发对于药品公司而言就是一切。

跳出眼前的选择进行思考

孩童时期，我就总喜欢玩做生意的游戏。当其他女孩子用毛毯盖住桌子玩过家家时，我却会玩冰激凌店、邮局或是银行的游戏。其实重要的不是玩的什么游戏，我乐在其中是因为在这样的游戏中，我能够提供自己构想中的服务，将朋友的钱赚到手，最后使得这些钱进入我的费雪牌收银机里。

2005 年，在我快 30 岁的时候，我在保险行业工作，但是，我并不快乐。尽管周围所有人都说，我已经打破陈规，成为家里第一个上了大学还能专注发展自己事业的女性，但是无论我住在哪里，做着什么，我都感觉这一切并不适合我。

我当时过的那种生活正应了朋友对我的警示，这的确是含糊不清的梦想带来的结果。我有一份工作，身处一个并不热爱的行业里。我想要独立，我本以为这就是经济上的独立，但是由于没有将梦想具体化，所以我只能冷冷清清地独自生活着。

我从未花时间去清晰地思考，那种我所期待的、融合了我想要的一切的生活到底是怎样的。我想要的工作要能燃起我内心的火焰；我想要的亲密关系是对方要对我的雄心壮志支持有加；我想要找到一种方法让我成为母亲后也能继续工作。而事实上，那时候的我恰是申请大学时，我担心自己会成为的样子：毫无成就感。

我知道，我想要的其实更多，然而答案没有摆在我面前。在当时的环境下，升职、跳槽，或是继续任职直到取得更大的成功，这些统统不是我要的选择。

要想变化就需要有远见卓识。它会让我走出舒适区，促使我做出思考，思考那些并不一目了然的东西。

所以，我坐下来开始问自己：**我热爱的是什么？我更想要的是什么？能让我满怀激情的是什么？**

这也是我经常询问客户的一些问题。之所以这样问，是因为我热爱的东西正是我应该花更多精力去做的。这显而易见，并且在商界同样适用。来看看多部门、多营收渠道的公司是怎么做的。2018 年年末，花旗集团将其贷款抵押部出售给了 Cenlar FSB 公司，原因是其意识到了公司专注的多元化理念（盛行于 20 世纪 90 年代的角角落落）已经冲淡了其核心业务，并导致了利润下降。花旗集团对最擅长的商业银行领域进行了研究，并决定给该领域更多的关注以获取更大的市场份额。

如果你渴望某样东西是因为它可以让你真的兴奋起来，那么在这样的东西面前你就会更具说服力，因为你可以提供强力且充满激情的案例予以说明。试图说服社区委员会启动植树计划，跟我的客户将新的产品推向市场的道理是一样的。兴奋、热爱是有感染力的。

对于上面提出的问题，我的回答是：

1. 我热爱文字和语言。

2. 我喜欢政治。

3. 我想要帮助来自不同群体的人彼此加深理解。

那是在 2005 年，也就是小布什第二次当选时，就如同“9·11”过后我们所有人感受到的那样：我们又一次变成了一个分裂的国家。有人将新泽西的乡村和纽约城视为时间分段的划分基准。我认为自己恰处于两者的交界线上。纽约城有自己的政治体系，但是我的家人和朋友所在的郊区却有另一套政治体系。我往返于这两个我热爱并尊重的社区之间，目睹两个社区里无法彼此倾听的现实。

于是我制定出了职业方向上的三个指导原则：语言、政治和共鸣。但是它们与我认知中的任何一个职业都不符合。

于是我回想了格伦的建议，并下决心不会再像过去那样行事。我不会再改变心意去迎合那些我已经知道的东西、那些被认为是“好”的东西。我会专注于自己的具体愿景：我想要一份涉及语言、政治以及协作性沟通的工作，虽然当时我并不知道这样一份工作是什么。

愿景如何指导行动

一旦明确了期望献身的事业，我的愿景就可以指导我的选择。既然所处的环境与我的愿景丝毫不匹配，那我知道了自己需要开阔视野。于是我报名参加了课程、讲座和社交活动，购买了书籍并接触全国各地的朋友。每每我犹豫不决是否要参加接下来的社交活动或是发出下一封邮件时，我就会问自己，这个活动会潜在地使我更接近自己的愿景吗？如果答案是肯定的，那我就会按下邮件发送键。

几个月后，我参加了在南卡罗来纳州查尔斯顿举行的一场会议。它被称为“文艺复兴周末”，汇集了来自商界、政界及艺术界最伟大的人物。诺贝尔奖得主、普利策奖获得者、奥斯卡最佳编剧、国会议员以及最高法院法官。我的脑子里一片混乱。来自新泽西小镇的李·卡特与一个宇航员有什么共同点？我要与前总统说些什么呢？我的不安直到听了一个男人的话后才开始有所好转。他叫弗兰克·伦茨（Frank Luntz）。当他谈及语言、信息以及故事在2004年大选发挥的重要作用时，我听入迷了。他是马斯兰斯基联合公司的创始人之一，而那时我知道了，职业生涯的下一步应该怎么走。

但是，在这个领域我毫无经验。我的文凭与之完全不匹配，而我住的地方还在纽约而不是华盛顿。

在下一章中，我会与你们分享我是如何说服他们让我接受面试的。但是这里我要说的重点是：如果愿景不具体，那么我就无法脚踏实地、一步步做到参加那场会议；如果没有具体的愿景，在机会到来之时，我甚至不会有所感知。

如果我没有跳出眼前的选择进行思考，那么会发生些什么呢？我将会坐在办公室的某个地方，和很多人一样，领着份薪水，然后干自己讨厌的工作。我将永远也无法跟随当时还是参议员的巴拉克·奥巴马走过爱达荷州以及新罕布什尔州。我将永远无法和特朗普总统一起坐着电梯进入白宫。并且我永远无法那样欣喜地发现，自己竟然可以每周都坐在自己的职场偶像之一玛丽亚·巴尔蒂罗莫（Maria Bartiromo）的旁边。

愿景的三大好处

2007 年的时候，有个客户想让我们帮他找到一种语言表达方式让人们愿意更多地付出。当我们问他的目标是什么时，他只是说："拯救世界。"这是一个不可思议却又那么无私之至的目标。他的目的是要使得世上所有人都愿意为某样东西无私奉献。我们被他的意图感动并想确定：这样一种愿景是否可以被转化为具体的目标？是否能够真正具体实施然后产生影响？从其目标的表述就可知晓，这一目标太过宽泛，难以付诸实践。付出什么？为谁？为什么？高效说服力并不仅仅与语言和信息相关，它同样与战略相关。这个客户明白，在试图说服别人做过多的事情时，会让人们产生无力感，更坏的结果是，人们会选择全然无视你的话。所以这个客户寻求我们的帮助——不仅仅是语言层面上的帮助，还要重新定义他的愿景，使之具体化。而下面就是将你的愿景具体化的三个好处。

好处之一：专注

一个具体的愿景可以帮助你确定事情的优先次序。一天中你的精力、时间和资源都是有限的，如果不能完全搞清楚自己想要完成的是什么，你就会把时间浪费在无法让你取得进展的工作上。你可以问问自己：这个选择能使我更接近自己的愿景吗？如果不能，那它就不能帮助你达成预期目标。

举例来说，如果你的愿景是要扭转政治局面，那么你是否花时间与选民沟通、会见潜在的候选人、做志愿活动了呢？如果愿景只是开一家餐馆，你却腾不出时间视察场地、与投资商见面或了解目的社区居民的就餐习惯，那么你的愿景是无法成真的。一旦愿景指导了你的专注点，分配时间和精力就变得容易了。

对公司而言更是如此。我曾为一个客户制订了一份高效说服力计划。我们必须不断确认，公司已经分配了足够的资源来确保计划的实施。如果公司只是口头上说："我们致力于让我们的贷款流程更加透明化。"而没有让法律团队起草新的文件，也没有开展必要的培训课程教育员工，那一切就都毫无意义。

让我们重新回到那个想要拯救世界的客户的案例上。客户愿景远大，但是我们必须帮他明确专注点。我们讨论了他希望对三个群体产生怎样的影响，即富人中最富有的群体、企业以及像你我一样的个人。经历了这次分类训练后，他意识到如果能在年轻人决定自己余生致力于奉献的事业时与他们接触，在未来将能够产生最大化的影响。最终，他找到了自己需要专注的信息：如果能让大学生早日参与公益事业，那他们就很可能终生无私奉献于此项事业。

我们已经看到了他的努力成果——相比投资银行，现在有更多年轻人希望能够投身非政府组织（NGO）的工作。大学校园比以往任何时候都更多地关注志愿服务和资金募集。这一切都是因为那个客户，他将自己的精力集中于一个宏大、大胆但又具有专注性的愿景之上。

好处之二：让其他人参与进来

拥有具体愿景的第二个好处是，它能动员他人来帮助你实现愿景。优秀的领导一直以来都致力于这样做。无论是在家里还是在工作中，这都适用。

比如，你设定了一个目标，要在家庭生活上多投入时间。如果你对家人说："我希望能多几次家庭聚餐。"他们也许会微笑着点点头，甚至是附和你的想法，但你还是没有提出一个具体的愿景，让他们可以共同协作实现愿景。

但是，如果你说："好的，各位，我刚读到说，那些每周和父母至少共进三次晚餐的孩子，在学校的表现更好，而且从长远来看取得的成功更大。这也是我们对你们的期许。所以，周日、周二和周四晚7点，所有人都必须在这张餐桌前共进晚餐。"这就是一个家人可以和你一起努力实现的具体目标。如果不能让他们参与进来，那么无论你的愿景如何宏大，它都无法成真。大多数的目标，尤其是商业目标都需要通过协作才能得以实现。

在我担任马斯兰斯基联合公司总裁期间，这一理念的重要性得到了淋漓尽致的展现。有一年8月末的时候，我们意识到了要想继续实现增长，我们必须解决一个关键性的策略问题。在公司内部我们一直来回兜圈子思考的问题是：我们究竟是一家语言公司、信息公司还是研究公司呢？因此，我们的营销部饱受折磨，因为我们一直无法就推销哪项业务达成一致。我和搭档都知道，虽然我们能够解决客户面对的诸多挑战，但是我们团队的进展却并非一帆风顺。我们的团队想要继续最初的研究，并专注于那些我们曾成功解决的核心挑战，但是合伙人们嗅到了更大的商机。这样的分歧就导致了某种一致性上的危机。

紧接着，在一门行政业务课程上，教授者要求我说出一个我想解决的业务上的挑战。当时我立马就意识到，我们从来都没有建立一个团队共同协力希望达成的愿景，即我们希望公司未来变成的模样。我们一直把时间浪费在弄清楚我们应该在 1、2、3 选项中做出怎样的选择。但是也许我们真正应该选择的是选项 4，一个大家之前都未想到过的新事物，一种服务顾客的新方式。

如果答案取决于那些我们难以分类的事物呢？于是我们决定要基于我们目前擅长的领域确定我们管理业务的方式，即确定语言策略。纵观我们品牌战略的演变可以发现，在过去几十年里，我们的战略发生了变化，关注的对象由商标到配色方案到消费者服务再到“消费体验”（酒店大堂的气味、酒店入口的迎宾园）。

在业务上，我们也有着类似的机遇。最初，我们是一家致力于研究公共事务问题的公司，旨在帮助客户进行更有效的沟通。后来，我们进一步致力于帮助客户公司的新产品或品牌寻找合适的语言表达方式。客户的要求敦促着我们不断进步。他们要求我们帮助他们的高级管理层就战略问题展开沟通；他们聘用我们，让我们把复杂的政策问题解释给客户和员工听；他们向我们提出挑战，希望我们以一种全新的话语方式影响不同组织的内部文化。从中，我们意识到，在这样一个注意力大幅下降而信息愈发杂乱无章的时代里，公司使用的语言的重要性已经上升到了历史最高点。语言表达几乎塑造了所有消费者、员工、投资者以及其他股东对于公司的感受。话语表达塑造了员工体验和客户体验。我们意识到，在很多情况下，公司并没有制定语言策略方面的预算，正如过去没有品牌战略的预算一样。我们预见到的是，在未来会有这样一个时期：语言战略成为每个商业公司战略构成中举足轻重的一部分。而今天，我们的愿景正指引着我们战略的推进并决定着我们所要运用的战略。

下一步是要让我们的员工明白，我们希望做一个什么样的公司。我们绘制了公司的发展蓝图并鼓励我们的团队，在运用全新方法应对不同挑战时，能够享受那种挑战带来的不适感。

愿景使我们对自己的价值观抱有更大的信心，也让我们在运用新的方式与客户打交道时更加从容自如。公司由此发展壮大。如果我们没有跳出眼前的选择，拓展自己的视野，公司的成长绝无可能。如果我们的团队没有坚持到底，那么这一切都不会成为现实。因为推动公司成长进步的也是它们，而非仅仅是我们的合作伙伴。

好处之三：动力

我们偶尔会面临倦怠、遭遇沮丧或是感到挫败。当你最新设计出的样品不被接受、当你的产业链停滞、当你的灵感枯竭时，愿景至少能够为你提供五种动力，推动你继续向前。

在最初写作本书的说服步骤时，由于这个过程有很多直觉的成分，和商业运作不同，所以我很难将其系统化。有好几次我都想举手投降。为了能够坚持下去，我必须重回自己的愿景，坚定我要写书分享说服步骤的信念。

让人们了解这些基本技能并将其灵活运用于生活和工作中，是我坚定不移的愿景。这五种动力就是：

1. 我们将拥有更好、更平和的对话。

2. 我们将以开放的态度对待不同的观点。

3. 我们将以更尊重的态度互相聆听。

4. 我们将增强共鸣感。

5. 我们将与我们的消费者及其他的目标受众有效建立长期的关系。

我知道恐惧会限制你和你的愿景。哪怕距离成功只剩几步，它却让你对之视而不见。这一旅程价值不菲，切记坚信你的才华和能力，相信你的价值会助你走上更为光明的道路。将恐惧转化为自由——这将是多么伟大！

——索莱达·奥布莱恩（Soledad O’Brien）

途中阻碍

当我的客户，甚至是朋友想要推广自己的理念或是实现自己的目标时，我认为他们面临的首个挑战不是野心太大，而是野心太小，不足以让他们受到鼓舞。如果他们无法得到鼓舞，那么他们还如何激励他人呢？在尚未开始前，你常常已经为自己期望获得的东西设置了阻碍。根据我的经验，有三个重大陷阱会阻碍我们前进。在你思考时一定要注意这三大陷阱。

陷阱一：故步自封

我曾指导过二十几岁的年轻人，他们总是在一切还未开始前就说出了自己的想法。他们担心自己学历不够、没有足够的人脉关系。如果已经开始了自己的事业，他们就会对改变产业境况的艰难侃侃而谈。当米歇尔·奥巴马（Michelle Obama）接受奥普拉（Oprah）的采访时，她谈到了自己身为芝加哥南区一个水厂员工的女儿而设定的目标。作为水厂员工的女儿，她毫无优势。她没有人脉或经验，家庭成员中也没有常青藤盟校或法学院的毕业生。她之后所分享的建议和我说的一样。只有当你不再追问自己的目标为何触不可及时，生活才会发生改变。

另一个常见的错误是指望过去的经验能够为你带来机会，并在之后获得成功。过去，不曾有人邀你共舞，因而未来也不会有人这样做。你从未怀孕过，所以你将来也不会怀孕。你没有中过彩票，所以以后也没有机会成为那个万里挑一的幸运儿。这种思维方式是可以理解的，但是生活并非皆是如此。舞伴、奖池以及彩票之间并没有相互沟通的机会。而你，每一次都有机会跟他人沟通。

故步自封的诱人之处在于，它能够形成自我保护的安全感，甚至是舒适感。我们认为，如果提前知道了自己愿景中的不合理之处，那么当别人想要伤害我们时，我们就不会感到那么痛苦了。但是，你不能创造出一个消极的茧房来保护自己。

相反，这样做只会慢慢地消耗自己。如果你想得到自己想要的，如果你想开始说服别人给你你想要的，那么这种循环必须停止。

陷阱二：随波逐流

一生中，至少会有一个人跟我们唱反调。对我们的客户而言，这个人通常会是他们的律师。而对许多人而言，这个人会是他们的父母或配偶。“你哪有时间做这个？”“你疯了吗？你已经有一份稳定的工作了，干吗还要折腾？”“我们的市场份额已经是最大的了，现在不是创新的时候！”

曾有一个客户定了个目标，到2020年要使公司实现水平衡。对于任何制造商而言，这都是个宏大的目标，而这是一家酒水公司：水是产品生产中不可或缺的。因而，公司周围的人，一个接一个地，都告诉这位高管他的目标是不可能实现的。他们问道：“如果我们实现不了这个目标会怎么样？”“股价会下跌吗？”律师们对高管做出的承诺避之不及；制造商们坚信这绝无可能实现；财务部表示实现这一目标的代价太过昂贵；甚至连环保组织也表示，也许，仅仅是也许，公司应该推迟实现目标的日期，或是将目标定得小一点。但是这位领导还是许下了承诺，他说：“如果我们不设定目标，那目标永远也无法实现。就算我们无法实现目标，起码我们也会比现在做得更好，并且我们还能从中吸取教训。”

陷阱三：跳出自我看事情

背景调查很多时候是具有破坏性的。很多人会询问所有人的意见，直至发现一个对此说“不”的人。然后他们就会说：“看吧，这真是一个糟糕的主意。”当然，如果你足够努力，你总会弄明白为什么你无法得偿所愿。为什么你现在所做的事是不合时宜的或是没有成功可能的。几乎没有什么伟大的成就会如同扣篮那样简单。在 J.K. 罗琳、奥普拉、巴拉克·奥巴马这些人年轻时，你不会想到他们会取得如此大的成就，不会想到：**噢，毫无疑问，他们将改变世界。**我很确信的是，如果说当时有些许痕迹能预示他们未来的成功与巨大使命，那么他们可能会四处打听成功之道，直至可能性全无才会有人认命道：“你知道的，我已经没什么雄心壮志了，找到一份稳定的工作就行，只要薪水稳定就好。”

我们感到害怕，而后想要找借口来避免风险，这是人类的本性。但对于恐惧的屈从使我们无法展现出最佳状态，带来的只有消极作用，使我们无法实现目标，而找寻那种会强化我们恐惧的说法则会使我们崩溃。

我并不是建议你逃避研究或不要从失败中吸取教训。我想表达的只是，你不能用过去的失败或警世性的故事去定义自己的未来。

尽管经济正蓬勃发展，但许多通信公司依旧举步维艰。我曾和其他公司的同人们讨论我们公司的发展前景，而他们的回应令我败兴而归。他们想跟我谈的只是预算的削减以及行业正在经历的巨变，每次我听了他们的话后都会感到沮丧。在我的认知里，我一直十分渺小，而我们公司也并未成长。但是，一旦我不愿再聆听任何人的话，我就能回到我们公司那个小小的愿景之中了，而事情也就开始有所进展了。

勇气

要想避免掉入这些陷阱之中，你所需要具备的就是勇气。要做到不盲从权威人士和反对者的话，实际上需要极大的勇气。想压制住内心的怀疑之声也是件相当困难的事情。审视失败而不为其所控，并从中有所习得，同样困难。但是，如果你下定决心要赢，那就必须赢，否则，你的愿景就会慢慢淡化，不再具有鼓舞人心的力量，甚至最后连你也不愿再坚持下去。

创建汤姆布鞋（TOMS）时，布雷克·麦考斯（Black Mycoskie）所秉持的理念在很大程度上是未经验证的：如果每次的购买行为都能带来直接的社会效益，那么一家公司就可以通过收取其中的溢价得利。几乎没有人赞同这个想法。创业之初，布雷克的公司仅有 250 双鞋子，他不得不抛售之前的产业来融资。而现在，其公司的市值已超过 6 亿美元。一个大胆的愿景带来的是发展中国家儿童无鞋时代的终结以及疾病的治愈。布雷克的梦想成真了。你也可以做到的。

我有一个医生朋友，她认为自己有必要为乳腺癌的预防工作做出更多贡献。她没有从政经验，有的只是一份全职工作，也没有辞职的打算。但是她对于这一议题的热情却是真实可见的，这引起了当地政府的共鸣。她一直在考虑是否应该放弃医药学以寻求改变。自从她不再被自我施加的那种限制（一定要从医）左右开始，她的视角就拓宽了。现在，她正负责一个乡镇社区的公共卫生政策制定工作，她还花了一周时间在华盛顿会见了国会议员以起草相关卫生法案。

让我们花些时间思考一下。你会给哪类人投票呢？你会购买什么样的产品呢？你会雇用什么样的人呢？你会选择什么样的股票进行投资呢？有远见卓识的——这就对了，我们选择乐观主义者。我在筛选应聘者信息时，这也是最能引起我共鸣的词。

过往的经验告诉我，无论是出自个人层面还是专业层面，当你拥有了远大的视野时，你就会真实感受到自己对于所追求的东西的满腔热情，而这种真实的热情会让沟通变得更为容易。所以，你想要的是什么呢？

你想要优秀的搭档吗？

你期盼全新的职业生涯吗？

你打算竞选地方长官吗？

你希望人们关心——我是说真心的关心——贴近你内心的问题，如气候变化、同工同酬或阻止你的社区进行某项新的发展计划吗？

你想要改变公司的文化吗？

你希望推出的新药轰动市场吗？

你真正想要的是什么？不是因为你的朋友告诉你要“合乎实际”；不是因为会计部门告诉你“可行”；不是因为人力资源部门促使你认为这是“合理的”；也不是因为监管部门说“可以这么说”；更不是因为财务部门告诉你这“触手可及”。作为一种文化而言，我们已经非常善于解释为什么某事不能发生，而不是解释为什么某事可以发生。优秀的领导是不会这样做的。他们拥有远见卓识；他们拥有远大的梦想。

当你在从事同样的事情时，第一步就是要花上一些时间去做做白日梦。你要去问问自己：**什么是我喜欢的？驱使我向前的动力是什么？我要怎样利用这种动力做出些事业？**这些是你需要了然于胸的。在什么时候你能更好地思考？在健身房时？在散步时？还是在洗碗时？如果不想忘记下个任务，不想脑中一片混乱，你不妨给自己一点休息的时间。如果你的工作太过忙碌而无法从中脱离出来，那不如尝试在周末独自远足或来场旅行。我发现自己在脱离常规生活时能够做出最佳的思考，跳出舒适圈后，思考能力甚至更佳。

弄清自己想要的到底是什么后，写下来。最近有一家汽车公司找到了我，因为现在没有人真正了解这家公司所秉持的理念了。这家公司不具备包罗万象的视野，于是我的团队和公司的每一位汽车工程师和设计师都进行了沟通，并记录下他们认为的工作的价值。

显而易见，这里出现的主题是出行。工程师和设计师们认为，他们的工作是为人们提供安全高效的服务。于是，我们就从两个方向对他们的工作进行扩展。他们不是一家汽车公司，而是一家对航空领域进行投资并提供交通解决方案的出行公司。对于社区而言，这种上行倾向的投资指的就是工程奖学金和科学倡议。一旦记录下来这些，它们就不再仅仅是种倾向，而是成了数据点。

该行动起来了

你最大、最美好、最与众不同、最大胆的心愿是什么？拿出纸笔写下来。是的，这就是一个模拟练习。研究表明，就思考而言，书写这种物理性行为，具有打字不具备的、激发大脑思维的作用。现在写下：我想要的是什么？

1. 慢慢来。要对你的答案进行详细的叙述。

2. 具体化。让这个答案变得可视。写下每个细节。

3. 别不好意思。孩童的时候，我觉得成为芭芭拉·沃尔特斯（Barbara Walters）会是件很酷的事情，但我花了20年的时间，才能说出“我无法做到”这句话。直到压制下内心那个想要成为芭芭拉的声音后，我才成为一名新闻记者。

4. 学会定义自己的成功。

（1）*个人的成功*：明白如何定义成功，你才知道自己还有多远才能抵达成功彼岸。对于一个期望能更多地进行家庭聚餐的母亲而言，她的目标是一周七次聚餐，还是两次？怎样才是成功了？你何时会对之做出评价？六个月后你会检验实行成果吗？这种检验会通过其他层面展示出来吗？你的目的是能够被倾听、得到尊重吗？弄明白这些问题后，你就可以重新回到自己的愿景上。这个过程是可循环的。

（2）**产品的成功**：如果你是个年金保险经理或你正在 Etsy 网站上售卖你所做的东西，那做到什么程度可以称为成功呢？对一些人而言，“做完且将它推广到市场”就足够了；对另一些人而言，要做到“有五个人购买了”才算是成功；而对我们的某些客户而言，这个产品要位居畅销榜首才意味着成功；对于还有一些人而言，成功意味着上述一切目标都要达成。

（3）**公司的成功**：衡量成功的指标要可以同时衡量公司声誉的好坏以及公司受尊重程度的高低。抑或是，这要与公司内部的某项文化相关，也许就需要内部的指标。员工请了多少天病假？营业额多少？人们对自己工作的满意度评价如何？设定你想要实现的目标和指标。

5. 写下自己的任务。现在花上一点时间把上述内容汇总记录下来，并多多回看参考。在你的说服风暴即将到来之时，它将能够成为指引你方向的北极星。

第二章　正视自己

他人告诉我的一切，会成为我的不安、弱点和障碍。而我被贴上的所有标签：矮小、书呆子、瘦骨嶙峋、柔弱、冲动、丑陋、假小子、贫穷、叛逆、喧闹、怪胎、疯狂，最终却都被证明是我的优点。如果不是他人的评价，我无法走向成功。正是因为有他人的评价，我才获得了成功。

——A.J. 门德斯（A.J. Mendez）

你可曾因为无法再忍受跟别人的对话，真的一分钟都忍不下去了，而离开某个社交场合，而且觉得当时的自己太虚假了？多少次你曾对着广告上那个宣称能让你重焕青春的护肤霜翻了翻白眼？你是否曾从面试的现场离开，暗想：我想不起来原因是什么，但我就是不相信那个人？你是否曾合上了一本介绍金融产品的小册子，心想这款产品不可能没有缺点，不可能一直这样顺利运营下去的？我们生活的社会总是追求完美又崇尚真实，而这就是问题所在。因为通常而言，追求完美和崇尚真实是互相矛盾的。在本章中，我会介绍真实性的基本原则，并告诉你们针对不同的人、产品和政治家，该如何运用这些原则。我将解释为何有时候在营销中承认自己的脆弱会是最明智的策略。

你和想要说服的人生活在同一个世界里。所以对你而言重要的是：不要根据你认为的客户想要的东西设定预期，那样做是不对的。如果你站在他们面前，想要说服他们，而你和他们想的却不相同，那他们就会认为你不值得信任，并且这种想法无法逆转。没有什么比矛盾更能快速地扼杀掉一个品牌了。

但我们要明确的是：高效说服力并不是指让别人相信那些与你不符合的东西，高效说服力讲的是要找到一个能够改变他人想法或行为的真实故事。所以，如果仅仅是为了满足某个需求，不要轻易做出你要创新这种承诺。如果你不喜欢狗，就别告诉约会对象你喜欢狗。如果真的是赶鸭子上架，就别告诉老板你已经做好准备可以胜任那个管理岗位。如果你对自己的认知和你想说服的人对你的认知之间存在差距，那你就麻烦了。

但这并不是说真实不会成为你的优势。多年来，阿维斯汽车租赁公司一直是仅次于赫兹的第二大汽车租赁公司。因而，阿维斯公司不能在宣传文案中标榜自己是汽车租赁界首屈一指的金字招牌，也没法说自己在所有方面都位居第一。赫兹公司的霸主地位坚固不破，因而阿维斯公司最终还是决定尊重事实。“阿维斯：我们将更加努力。”这个时髦的口号不仅表明了他们的立场，同时也告诉客户，与第二名合作也是有好的一面的。而这句口号真的奏效了。阿维斯公司终于实现了十年来的首次盈利。

我的研究表明，无论是否接受特朗普成功竞选，许多选民都认为特朗普是真实而纯粹的。他承认自己缺乏政治经验，虽然并未对此致歉。他的听众觉得特朗普是值得信任的，因为他会“像现在这样说出真相”。当我在尚未从经济崩溃中完全恢复的地区中进行特朗普的演讲内容测试时，人们表示，他们不愿听到“我们已经取得了不少成就，但我们仍有很长的路要走”，因为这与他们所感受到的、经历的并不吻合。他们没有工作，所以并未感受到成就，当然也不想被告知“仍有很长的路要走”。他们想要的是解决方案，现在就要。因此，当特朗普表达出他们的想法后（他们想要重回工作岗位、他们需要在美国找到工作，以及他们对于政府同意把诸多工作岗位转移到海外的行为已经大失所望），他们觉得自己的想法得到了认可。

有关真实性的另一种观点就是脆弱性。研究员布琳·布朗（Brené Brown）过去 20 年里都在研究羞耻感与脆弱性，他将脆弱性定义为“不确定性、风险，以及情感的表露”。

现在你也许会想，**这些品质与高效说服所需的品质背道而驰。我确信我想要的是低风险以及更含蓄的情感表露，这些才能让我取胜。**但是回想一下那些成功说服你支持他们、为他们投票或购买他们产品的人是怎么做的。脆弱性体现在他们承认了自己的弱点。相比假装弱点并不存在，承认弱点的存在要强大得多。尽管特朗普总是自吹自擂、大肆吹嘘，但是他能在公开场合承认自己缺乏政治经验，随后将这种弱点重新打造成可以增加其支持者人数的优势。

如果参与竞选的人毫无经验，那他/她最好承认自己的弱点。如果有人要求你停止使用某个已创立的品牌，在一家新成立的公司上碰碰运气，那么这个人最好向你说明你需要承担的风险。如果一位女性正在游说你的公司增加带薪产假的天数，那么她需要说明自己也许不是进行此项游说的最佳人选，而后再解释为什么这种劣势可以转化为优势。如果一家公司把一切搞得一团糟后，还想重拾消费者的信任，那他们最好承认自己的错误。这就是本章要讲的内容：如何利用你的脆弱来支持你的论点，而不是让听众认为你很虚假。

真实性 VS 从大处着眼

我一直都在想一个问题：真实性和从大处着眼思考之间是否存在矛盾？绝对不存在。巴拉克·奥巴马在参与总统竞选时，只是个仅有一届任职经验的参议员。他向党派人士们，也就是华盛顿政界具有重要影响力的那群人，展现了他是初入政界的，并通过近期为社区做的组织工作，将自己定位为一个“扎根基层”且理解美国人民的人士。

当我第一次发现，竟然有一份工作是聚焦于语言、信息和高效说服力时，我自身的不足立刻警告了我：我是无法说服那群人同意我接受面试的，而这也勾起了我的斗志。我发邮件、打电话、寄信件，还询问了周围的所有人，问他们是否有办法让我进入那家公司。某天晚上，我最亲密的一个朋友和那家公司的联合创始人共进晚餐。我的朋友告诉那个创始人我对于他们公司的无限痴迷。正巧那家公司要在纽约开一家分公司——这可太棒了！我有机会接受面试了！

但是，如果面试时我一走进办公室就说："作为作家，我十全十美；作为研究员，我经验丰富；我会是你见过的最值得信赖的高管顾问。"那一定会贻笑大方，我会被办公室里的人赶出来。

于是，我承认了自己的缺点："表面看来我也许经验不足，但是我能够看懂别人。在我从事保险行业的这几年里，我学会了如何理解他人的世界观并与他们沟通。"我必须强调的是，我学的专业是社会学，这也是证明我所说论点的一个论据，这一点在后文中我还会细说。最后，我还告诉了面试官，我之所以认为自己是这份工作的最佳人选，是因为我痴迷于研究人们互动的方式，对此怀抱满腔热情。我的表现诚恳真实，既承认了自己的劣势，也成功地对自己做出了定位。

危机中的脆弱性

2008 年金融危机发生前，我们接待了一个客户，它是美国最顶尖的国家商业银行之一，就称之为银行大街吧。我们提供的服务之一是大量的市场调查，目的是要深入了解银行目标客户的消费和储蓄习惯。我们提出了诸多问题，如"您比较看重支票账户的哪些方面？"以及"什么因素能鼓励您申请房屋净值信贷呢？"

在危机发生期间，该银行收购了一家小型银行。这家小型银行背有大额次级贷款且有破产危险。危机过后情况变成，无论何时成立有关银行大街个人财务方面的焦点小组时，都会有客户说："这是家糟糕的公司，就是他们造成了金融危机！现在我们丧失了抵押品的赎回权，他们就要开始想办法推广房屋净值信贷了，是吗？"

这一切非议让这家银行倍加沮丧。他们不断否定我们的数据，称："那家小银行是我们收购的，人们说的那种消费模式不是我们的销售模式！我们也不知道怎么会发生这样的事情，而且我们现在是在帮助受其影响的人啊。我们可是好人啊！"

焦点小组里的人则会说："他们才不是好人。我们才不在乎是谁收购了谁，也不在乎当时是谁做的这些事。既然现在收购了那家银行，那你就必须拨乱反正，把一切拉回正轨。"

当我们将上述数据展示给那家银行时，他们说："难道他们不知道我们为这个社区做了多少好事吗？我们组织了文化活动、免费提供博物馆门票，还邀请他们免费观看棒球比赛。我们为儿童俱乐部和社区重建工作提供了支持与援助。我们明明做了那么多好事。"

我们把银行说的话直接转达给了客户，他们的回答是："你们在开玩笑吗？他们可是接受了救助金的啊。他们领了联邦政府的救助金然后说自己功劳不小，就因为他们提供了免费的博物馆参观门票？"

其实有的时候，我们的客户会站在一面透明的镜子背面实时观察事情的进展。他们会给我们留言："纠正那个人说的话。告诉他们我们已经把救助金还回去了。实际上，我们是首家偿还了救助金的公司。把这些话告诉他们……”

客户回答说：“我们才不在乎。这还是他们的错。”

但那家银行还会不断让我们纠正客户的想法。你见过这样解决问题的吗？哪有人伤害了你然后又不断向你解释，不允许你认为他不好的？

问题最终爆发了。

银行的名声跌入谷底，跌破史上最低水平，也低于所有竞争对手的水平。但他们还是不愿接受我们的建议。更糟糕的是，尽管已经置身于此场危机之中，他们还是决定采取措施促进增收，并称这是受经济环境所迫。他们宣布，要在一段时间之后，对那些之前免费提供给客户的服务征收费用。

银行高管要求我们写了很多不同的材料，讨论怎样才能用更好的方式告诉公众要收取费用的决定。他们打算这么说：“客户告诉我们，他们希望银行能够提高自身透明度。而金融服务史上最彰显透明度的举措就跟我们几个月前告知您的一样：需要支付额外的费用。当然，要想避免支付这笔费用也有很多办法，您也有足够的时间来考虑如何支付这笔费用。”

我们制作视频来回应银行制定的新举措。其中一个参演者是这样说的：“嗯，等一下。也就是说你打了我的脸，而且因为我头上裹着个袋子，你就要把那个袋子拿下来以后再继续打我。我还得为此感谢你，是这么个意思吗？”

银行高管最后还是决定不再征收这笔费用，但是此时公众的愤怒情绪已经达到了顶点，就仿佛银行那项举措已经实行了。于是人们发起了新一轮“占领华尔街运动”，他们在银行总部周围扎营驻留。

最终，银行某部门的部长及其手下的300名高管带我们参加了一个培训，那时我们向他们展示了那个“你打了我的脸我还要感谢你”的视频并表示：“我们能够理解，贵公司认为自己是服务于消费者的机构，但是有些人并不是这么想的。要是不把话说清楚，没有人会相信贵公司的。”这件事产生了很大的影响，至今在街头巷尾人们还在谈论着。

直到那时，那家银行才真正做好准备，要展示出自己脆弱的一面。他们说：“我们明白，相比仅仅创造销售纪录，这件事的意义更为重大。我们需要重塑公司的名誉、重振我们的品牌。那么我们该跟客户说些什么呢？”于是他们安排我们一同参与了公司项目，这其实远远超出了当时我们的服务范围。但是现在，我们已经为许多客户提供了这种服务：危机沟通。

在第十章中我们会更深入地讨论“危机沟通”这一话题。我们要知道的是，当客户认为自己的权益受到侵犯时，信任是需要重新建立的，而在该事件中，客户们的权益的确受到了侵犯。于是我们告诉该银行：“你们必须用客户认为真实可信的方式解决信任问题。”

要想让人们认为他们是真诚的，银行就要到客户所在地跟他们见面沟通，而不是试图否认客户的看法。他们应该换一种表达方式：“导致2008年金融业崩溃的因素有很多。我们来到这里并不是想讨论这个问题的，我们是想要证明我们致力于服务客户及振兴美国经济的决心。”如果银行没有说明他们所做的好事是致力于重建美国经济的，那么对于他们的客户而言，这些好事就是毫无意义的。他们还要说明：“我们所关注的基本面是要建立一张可靠的资产负债表，将危机控制在适当范围内。最重要的是，要以客户为导向做出决策。”

银行曾对自身就解决金融危机所采取的行动避而不言，现在他们意识到自己的唯一出路就是承认这一痛点。他们讨论了还清抵押贷款或减少抵押贷款的相关计划，以帮助人们保住自己的房子。他们去一些受影响最为严重的地区，设立了临时办公室以帮助当地人渡过破产难关，赢回抵押品的赎回权，进而保住家园。如果无法帮助客户保住自己的房子，那么银行就会帮他们找其他房子居住。

这种承认自身脆弱性的战略产生了巨大的影响。十年内，该银行发展态势更进一步，不仅建立了新的品牌，还成功占据了更大的市场份额，并完全重塑了自己的声誉。

从众心理

并不真诚的首个端倪在于你想和别人一样，而这正是在四年级时父母对你提出的要求。这个要求直到现在都没改变。每个月至少有一家金融服务公司找到我，跟我说：“我们希望能像苹果公司一样。”对此我的回答是：“不，你并不是希望像苹果公司一样。

我收集过数据做过研究，其实大众并不希望他们的银行有多‘酷’，他们期望的银行是可靠的、经验丰富的以及具有责任感的。手机暴露在寒冷的环境下会关机，在太阳下又会发热，这表明技术是无法满足人们的这些需求的，因此没人希望你拿着他们的钱，然后跟手机一样出现故障了或是要等着升级。”我们必须说服客户，想要别人认为你“酷”也许会导致与预期截然相反的结果。所以，这些金融服务公司需要做的是弥补自己的短处，比如增强坚韧性，然后将这些东西真实地呈现给消费者，使他们认为银行变得值得信赖了。

与之类似，许多品牌现在都热衷于说服消费者自己是“创新型”品牌。每家公司都在内部倡导创新，所有的商业节目也都是这么说的。原因是华尔街的人都喜欢用“创新”这个词，而且创新能够推动股价上涨，于是人们就都开始谈论自己是如何“创新”的，期望能够以此成为行业领头羊。然而当他们来到我的公司，告诉我他们想要说服他们的消费者时，我的任务就是要向他们解释，创新并不总是件好事。有的时候，人们只是希望公司提供某项服务而已。

有一个客户是家食品公司。他们谈的问题是食品行业的创新，表现在开发新菜单、创新食物制作方法及分餐方法上。但是对于消费者而言，他们并不会把“创新”这个词和自己食用的任何东西联系在一起。

在这家食品公司的年度报告和新闻稿中，他们放上了员工穿着实验室大褂开发新果汁的照片。消费者其实并不希望看到果汁上有实验室大褂的影子，他们只希望在橙汁中看到真的橙子果肉而已。因此，如果这家公司秉持的目标是成为一家伟大的食品公司，了解未来饮食和健康的趋势无可厚非，但是他们并不需要强调创新。

我们还有个客户致力于将一种新型安眠药推向市场。他们称，这是有史以来最具创意的睡眠辅助药品。然而很快，我们的数据就表明，人们并不需要具有创新性的安眠药。他们需要的是经过测试的安眠药。就安眠药而言，大家都知道它是存在副作用的。焦点小组认为人们担心的问题是“如果我吃了一颗安眠药，可能我能好好睡上一觉，但是第二天我的状态还是很糟糕”。我们也知道，有些人吃安眠药并不是因为他们担心自己睡眠不好，而是因为他们担心自己第二天的状态和表现不好。

所以，我们告诉这家公司，与其使用“创新”这个词，不如告诉消费者“这是一种没有副作用的安眠药”。这样就可以解决需要服用这种安眠药的人们关注的实际问题。你要做的事情是满足消费者的实际需要。

静候反馈

这是让我们不舒服的典型行为之一；因此我们经常不愿做这件事。表明“我想在某个机构里升职”“我想竞选地方政府官员”或“我想加薪”是一回事，而清醒地审视自己现在处于什么位置，则又是另一回事了。我的意思是你需要知道：人们现在对你的看法是什么样的？你的弱点是什么？阻止你实现目标的障碍是什么？

我非常鼓励那些从未正式审视自己的人进行线上匿名调查，得到他人对你的看法、建议、计划和表现的反馈。如果想要成功地说服他人，你就必须到受众所在之处跟他们见面交流。这就意味着，你要接受他们对你做出的所有初始评价，无论好坏。然后你才能做出改变。

在我克服了重重困难进入公司的时候，我全身心地投入工作中。我的目标就是要成长晋升为领导人员。但当我坐下来翻看评估报告时，我才发现，关于员工对我的看法，我实在是知之甚少。

第一，员工们已经认为我是个领导者，而我并不知道这一点。先别鼓掌。他们并不认为我是个好领导，而觉得我是个试图和他们成为朋友的人。

第二，员工们认为我很懒。因为我经常迟到。

第三，员工们认为我并不是个好的发言人或是思想领袖。

第四，员工们认为我是靠脸来谈成生意甚至进行其他不法交易的。这毫无根据。

当然，刚看到这些反馈的时候，在一定程度上我是想逃避的，我想立刻关掉电脑然后重新找一份工作。一想到要改变人们对我的看法，我就觉得害怕，觉得这是永远都没法做到的。

但后来我意识到，我必须改变员工们对我的看法。因为这份工作是我穷尽毕生追求的梦想。并且，我不能总是劝说客户解决类似的危机然后实现目标，而自己却不敢做这件事吧。所以我问自己，我该如何扭转这种局面呢？

我明白，我必须严格依照指导客户的那套方案来做：真实地面对所有的误解；验证这些误解而不是否认；对所有误解持开放的态度。这使我变得十分脆弱并感到不适。我必须告诉员工们，我收到了他们的反馈，这对我的影响简直是毁灭性的，但是我的确听到了他们的反馈。我回复说："我会努力做到更好。我知道，要想赢回你们的信任可能需要一段时间，但这就是我接下来要做的事情。首先，我想告诉你们，六个月前我做了一次手术，之后一直饱受并发症的折磨。这是我之前就应该告诉你们的。坦白说，我没有告诉你们，是因为这是一个妇科相关手术，所以从情感上实在是很难启齿。我本来希望工作能使我摆脱疾病的痛苦，但是我错了。你们好奇那段时间我去了哪儿是很正常的事情。之后，我会把我跟医生预约的诊疗时间都标注在日历上，然后你们就能准确知道我哪天管不到你们的工作了。"

这就解决了员工们关心的其中一个问题。我们一直在说，一切模糊不清的东西都可能成为对付你的武器。无论实际情况如何，都会有人对其进行负面的解读。人们总是用负面的假设填补未知的空白。出于本能，如果没有证据，我们是不会质疑他人做出的评价的。

此外，我意识到，要解决员工们关心的另一个问题，我需要有意识地为他们创造乐趣，但同时又要把握尺度，不然他们会认为我在试图跟他们成为朋友。领导是可以把握两者之间的界限的。

然后在会议中，我继续询问了员工们对于我在业务表现上的看法。我说："我知道今年我的业绩是位居公司首位的。而且，我有很多中年男性客户，他们中的一些人曾在你们面前骚扰我（记住，那是在"MeToo"运动之前发生的），这让我十分不舒服。坦白说，我非常讨厌那种行为。这贬低且侮辱了我的人格，而我对这种事的处理方法就是当他们是在开玩笑。所以之后有很多人都跟我开这种玩笑，造成了误会。老实说，这件事也让我很受折磨。"我承认了，"我需要你们的帮助，我不会再把那种行为当作是开玩笑了。所以我也要求你们不可以开那种玩笑。"

最后是要重建他们对我的看法，但我的做法并不是用"你疯了！我绝对不会那样做！"或是"真不敢相信就因为迟到了，你们就对我有这么多看法，明明我每天都是最后一个下班的！"这类话语来改变他们对我的看法。不是吗？其实我本可以为自己做出辩护的。

相反，我验证了他们对我的评价，也就是说："通过你们的眼睛我审视了自己，然后我就明白了你们为什么会得出这些结论。"一旦这样做了，我就可以和他们分享我的立场，告诉他们在我们前进的路上会出现哪些变化，并让他们相信，我所坚持做的那些都是正确的事情。

尊重自己的弱点

最近，有个朋友的女儿上大学了。进入大学时，她第一个想到的是赶紧去参加联谊会，因为那些最漂亮、最受欢迎的女孩都会参加联谊会。但到了周末，她就觉得自己筋疲力尽了。明明她如此努力地想要符合联谊会里的人对于“酷”的那种狭隘看法，可是联谊会上的一切都让她浑身不舒服。

我告诉她，她应该问问自己：我到底是谁？我该如何绽放光彩？因为这才是她能够与别人产生最佳互动的基础。对于联谊会上的其他女孩来说，也是如此。

所以她重新挑选了一个联谊会，里面的女孩都很有趣也很随和。很快她就交到了很多朋友，成了人群的焦点，大受欢迎。在那里，她觉得自己可以展现真实的自我，也能玩得很开心。

几天前的一个晚上，我参加了一个妇女小组的活动。有人问我：“你是如何社交的？向在场的女性提出一条建议，告诉她们该如何出门社交。”瞬间，我想到了好几个广受社会认同的做法和建议，但我是这样回答的：“你知道吗？事实上，我讨厌社交活动。我认为如果你讨厌社交活动，那么对你而言，最重要的事情就是要承认你讨厌社交。因为就我而言，我克服这个问题的方法就是：我定下了一个具体的目标。如果我能够完成两次有意义的对话，那就完成了任务，然后我就可以回家了。

“我说的不是‘别去社交’。我说的是，如果承认了自己不喜欢它，那么你就可以根据实际情况设定出可实现的目标，并坚持完成定下的目标。如果你设定的目标是进行两到三次有意义的对话，那么这个目标就完全是有成效的，而你也可以做到真实地面对自己。

“这样做的好处是，如果你能够找到一种易于管理且真实可行的方法来平衡这些活动，那么你就能参加更多的活动。相比只是一直假装热爱那些活动，或者是逃避、无计划地社交，又或是躲在浴室里自怨自艾，前者的效率一定是更高的。”

在对话中我还谈到了限制，原因是我们可以利用限制来设定界限和目标，进而去坚持一些合理的且可完成的事情，而这将持续带给你自信。

反观，如果你只是坐在这里暗自思考：**我必须学着去热爱社交，或是我必须参加社交活动，因为所有人都告诉我这是我最应该去做的事，再或是，我们应该在排版我们的宣传册时用高亮白底背景和 Avenir 字体，因为苹果公司就是这么做的，那并不真实。**如果你们一直试图做与自己本身并不相符的事情，那么结果就是，你没法说服别人接受你的名片、成为你们的会员或收下你们的宣传册。

现今这个世界，人们喜欢的是数量不多的精品。人们热爱手工艺品，希望食物和酒水是本地手工制作的有机食品。这些要求与“创新”一词是相悖的。人们希望吃的东西和进入身体里的成分都可以尽可能地来源于自己的生活。

这就使得我们的一个酒水商客户处于极端劣势的地位。因为他们所生产的伏特加很快就被醍拓（Tito’s）伏特加公司的产品挤出了市场，失去了市场份额。而伏特加是该酒水公司的独家品牌，因此他们困惑不已。

这家公司采取的第一步是招聘了一位品牌主管，负责给该款手工伏特加重新定名。然而，这位主管并不认为重新定名是个好主意，因为这不真实。于是，她找到了我们，希望我们就这一问题进行市场调查，同时希望我们和她一起，以真实可信的方式，对该款伏特加重新定位。

我们做的第一项测试就是，如果我们用“手工”二字命名该款伏特加酒，人们会有什么看法。调查结果很明确，都是负面评价。和我们预想的一样，目标受众认为，这样的描述似乎不对、不真实。并且人们对于滥用“手工”一词的行为十分反感。人们说，几乎所有的公司都想搭上“手工”这列快车，但取得成功的前提是你的产品必须真的是手工制作的。

此外，人们认为现在喝鸡尾酒越来越成为一种体验性活动，通过你所喝的东西真正展现出来的是你对自己的定位。就某些程度而言，这表现出你是个专业人士。酒的品牌就代表了你自己的经历。通常，有些人会认为喝伏特加令人感到尴尬，因为大多数伏特加都是棕色的烈酒。那这对我们的酒水公司又意味着什么呢?

现在，让我们重新回到“手工”代表着什么以及人们为什么喜欢手工制品这一话题上。人们之所以喜欢手工制品，是因为他们认为手工制品的背后有自己的故事，它代表着高质量和某种程度的真实性。那么，这款伏特加酒该如何展现它背后蕴含的历史与故事呢？答案是凸显其品牌的长寿及其起源。

我们与这位主管的合作方向就是提醒消费者他们的购买初

衷。在世界上的某些地方，口感和风味的一致性与其他要素同样重要。所以，这款伏特加可以突出制作过程和选用的原料。这是首批高端伏特加品牌之一，因此当我们谈论到这家公司的工艺质量以及他们如何成为首批优质伏特加酒公司的故事时，人们会给出很积极的回应。

尊重自己弱点的底线在于：不要试图融入其中。你要做的是通过讲述自己的故事使自己与众不同。

如果你属于企业里的决策层，千万不要试图以其他领域的潮流趋势为标准，决定公司品牌的走向。几年前，因为气泡水成为流行，公司的啤酒产量下降，库尔斯公司（Coors）也推出了一款气泡水。然而，人们并未购买库尔斯公司生产的气泡水，因为库尔斯这一标签让消费者觉得产品不会太健康（库尔斯公司的主要产品为啤酒）。因此，如果你是一家啤酒公司，就不要妄图吸引那些想要购买饮用水的消费者，就做最好的啤酒品牌吧。

如果你提出的企划成本高于他人，就别指望别人会注意不到，所以，承认就好，然后说明为什么选择你的计划就长期而言能节省更多资金。如果你从未进入全国家长教师协会（PTA），那就说明为什么作为局外人，你的观点更具优势。如果你的公司并没有那么有魅力，就告诉受众："我们并不是一家很有魅力的公司。但你们想要的并不是魅力，而是可靠。"坦诚地承认你的真实情况。因为当你承认了客户都能一目了然的真相时，你才能真正与他们展开对话。承认这些就表示你在告诉他们："我认可且尊重你们对我的看法。现在我们可以谈一谈了。"

优先次序

回想刚才讲的所有故事，你会发现，我们的策略是找到客户的诸多劣势然后将之转化为优势。那么，如何才能确定对受众来说最重要的是什么呢？如果回看我自己的那个案例，你就会发现在我全方位收集反馈后，有四个方面的问题需要解决。为了确定它们的优先次序，我采用的是马斯洛的需求层次结构。

马斯洛的需求层次理论是由亚伯拉罕·马斯洛（Abraham Maslow）在其1943年发表的论文中提出的。在该论文中，马斯洛写道，人们首先要努力满足的是他们的基本需要。这一结构的最底层是食物、水和住所，因为没有了这些我们就无法生存。再往上是安全需求。一旦这两个需求得到了满足，我们紧接着就要为爱和归属奋斗。继而是尊重需求，最后是自我实现需求。如果底层的需求得不到满足，那么上层的需求就会变得无关紧要。

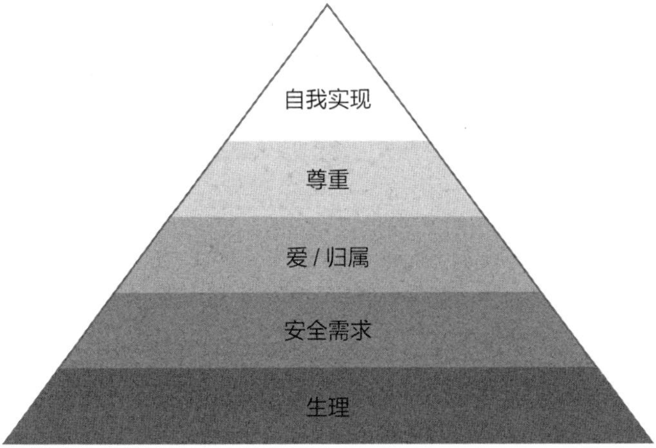

根据这一结构，我们可以知道，如果一个品牌失去了客户的信任，就像银行大街那个案例那样，那么公司需要明确：失去的信任属于哪一层次的需求。银行大街要说服的对象认为，是银行大街夺走了一些人的避难所。这严重违背了上述结构中的最基本需求。

我的例子也一样。我必须根据得到的反馈反问自己，**哪个层次的需求遭到了最严重的违背？**而那个层次对我最为重要。如果我没有就那个层次做好弥补工作，其他的一切都无从谈起。

团体贡献能够为员工提供安全感和保障感，所以我必须确保员工都视我为勤奋可靠的同事，他们可以信赖我。如果他们认为我不是个努力工作的人，那他们就会相信我是靠脸谈成生意的。

回到银行大街那个案例，你肯定会问："那么我们需要在其他人采取行动前解决哪些问题呢？"归根结底，对银行业基本原理的掌握是人们有安全感的核心所在。如果人们认为你并未掌握这些原理，你就无权谈论其他任何东西。这就是为什么他们必须回到基本的问题上，强调要从资产负债表和到位的操作方面保护消费者的利益。所以，强调提供免费参观博物馆的机会并无作用，因为这属于马斯洛金字塔结构里的顶端需求。

记住，置于优先地位的不是你认为的可能最具魅力的东西。除了极少数情况，你不会谈论什么是最具魅力的。比如，微软在 Vista 系统之后推出了 Windows 7 系统，他们想谈论他们在这三年里是如何创新、如何开发新功能的，以及那些写着提示的小字条上的内容。

我们的焦点小组则表示："等等！我只需要知道这个系统是否能很好地运作。因为之前的 Vista 系统太烂了，搞得我都不想再用微软了。如果你们的创新是基于 Vista 这个糟糕的平台的，那只会更糟。"这当然不是微软想要听到的话。他们之所以提创新，是因为他们认为创新是很酷的。

但是，要想赢得人们的信任，从"酷"开始并不可行。意识到他们需要尊重的是观众对于可靠性的需求后，他们就打出了"微软，展现我的想法"的口号，用以告诉公众，微软各领导层正利用这一平台在各自的领域中设计能够长期使用的产品。

当你在思考需要优先处理自己的哪一个弱点时，你要考虑的并不是自己有魅力之处，而是要考虑对那些你想要说服的人而言，最重要的东西是什么。

扭转局面

既然你已经意识到自己的弱点在哪里了，我希望你现在立刻思考如何改变大众对于这些弱点的看法。如果你的经验不是最丰富的，那么你是否有合适的经验来处理这些问题？是否有驱使你倾尽全力为未来雇主排忧解难的热情？而这一切的核心正是我们的不完美，正是我们的不完美使得我们值得信赖。

所以现在我希望你写下你的这些弱点并思考如何将这些弱点转化为优势。

这里有一些例子，或许能给你一点启发。

结论

弱点	转化
我们是一家小公司，但要跟大公司进行竞争。	我们是一家小规模精品公司，因而可以为您提供个性化服务。您可以亲身了解到我们公司的一切。
在金融服务业领域我们没有经验。	我们可以提供一个外部视角来看待问题。
我们是一家大公司，但外界总认为我们很贪婪。	我们是大公司，我们的规模足以产生影响。
我犯过错误。	我曾做了错事，但我从中吸取了教训。我明白了要多听少说，该奖励时要奖励，并且可能有时候问题最好的答案就是：我不知道。
我们辜负了顾客的信任。	我们已经意识到了我们需要重新赢回您的信任。所以我们对您做出如下承诺：a、b、c……
我们使用人工甜味剂。	我们的产品不含糖分。
我腰缠万贯，但难以接近。	我实现了我的美国梦，而我也可以助你实现你的梦想。
我对 a、b、c……这类知识并不擅长。	我学东西很快，一样东西我看两遍就能知道该怎么操作。
我是民主党人，人们认为我是个精英主义者且难以接近。	我虽然是民主党人，但成长于共和党区。我的父母都支持共和党。我是家里第一个上大学的人。我也经历过困苦挣扎，这都是真实存在的事情。因此，我能够提供帮助到你们所有人的解决方案。

回想一下之前自己被成功说服的情形，你会发现你被说服的原因很有可能是别人告诉了你一些你之前不知道的事情。因此，高效说服的核心是展现出别人意想不到的东西，而不是表现出你自身的无懈可击。

2 他们

第三章　高效说服始于共鸣

很小的时候，我曾阅读埃德温·阿伯特（Edwin Abbott）的《二维世界》，这使我意识到不同人眼中的世界完全不同。我不确定这是否就是我人生中最好的一课。

——伊恩·布雷默（Ian Bremmer），欧亚集团总裁兼创始人

当你无法想象为什么会有人不理解你，或是你发现自己在想“他们怎么能这么做呢？”的时候，就出现了共鸣鸿沟，所有重大热点事件中都会存在共鸣鸿沟问题。那些支持气候变化立法的人认为：**怎么会有人愚蠢到不同意这一立法呢？这背后是有科学依据的！**枪支管制、堕胎问题也是一样。我们在这些对话中缺少的就是共鸣，以及尊重。

客户们经常问我，面对那些信仰截然不同的人，该如何保持冷静并保有好奇心？我的答案是：与他人产生共鸣，而无须赞同他人的看法。迪伦·马龙（Dylan Marron）的节目中，比如“每一个单词”“与变性人在厕所座谈”等已经获得了数百万的浏览

量，但是他发现，互联网上的恶意却为线上的成功蒙上了一层阴影。随着时间推移，他创造出一种令人意想不到的应对机制：致电那些麻木不仁、留下恶评的人，并询问他们一个简单的问题："你为什么要这样评论？" 迪伦开设了播客并就此话题做了 TED 演讲，我强烈建议你看看那次演讲。在那次演讲中，他表示：有的时候你所能做出的最大反击就是与意见不同的人交谈，而不是指桑骂槐地嘲讽他们。他说："产生共鸣并不代表你要认同他们的看法。与他们产生共鸣并不会立刻损害到你根深蒂固的信念，转而去支持他人的想法。……这只是代表着，你承认一个与你成长背景不同的人有不同的想法是人之常情。"

自记事以来，我就认为世界是这样的：即使是那些与我想法不同的人，也有充分的理由坚持自己所做的事情。而我唯一能与他们进行交谈的办法，就是试着从那些理由出发进行突破。也许我对某个人的立场并不赞同，但如果能够理解他的立场，那我们就建立了对话的基础。正如混乱不堪的政治环境告诉我们的，大多数人会先做出自己的判断而不是理解他人。但如果做出的判断不够坦诚，那么就只能称为假设。我们要告诉别人的，应该是以往经历中有价值的地方，而不是自己经历过的那些他人想不到的东西。

布伦·布朗博士在《勇敢依旧》(*Daring Greatly*)一书中鼓励读者大胆转变观念，相信所有人都在用尽一切、倾其所能做到最好。归根结底，核心不在于是否已经竭尽全力，而是单纯相信对方已经尽力，并从此出发重新审视关系，这会给你带来天翻地覆的变化。因为这能使你产生强烈的共鸣之心。

并非所有的说服计划都是要让我们与意见不同的人接触，但上述理论在其他情况下仍旧适用。因为在很多时候，我们都在尝试与持有不同观点的人接触。如果我们对对立观点不屑一顾，那就失去了与别人建立联系的机会，更别提说服别人了。

在本章中，我们将看到同理心研究领域、神经科学及沟通领域的专家的意见，学习如何在尊重听众和顾客的基础上，与他们进行亲切的沟通，甚至让他们对你产生好感。然后，我会一步步告诉你“积极共鸣”指的是什么——其实也就是一种达成说服目的的有效措施。无论你想做什么，一切的起点和终点都是你的受众。

只有当你充分了解受众及他们期望的服务方式，你才有机会为他们提供服务。像耐克、苹果和星巴克这类已经掌握了说服技巧的品牌，都是理解了这种服务理念的。

受众是谁

开口之前，你必须弄清楚，受众是谁？众所周知，这是应该要做的第一步工作，但是我告诉你，你不知道我看到、听到过多少广告，包括直邮广告活动、利润电话会议以及其他形式的沟通，只关注了公司想表达的内容和要宣布的信息，而没有与受众进行真正有意义的沟通或建立联系。

我们必须记住：目标受众是成败的关键。没有他们，我们一无是处。如果提供的信息与受众的意愿相悖，那么哪怕拥有最优质的产品、最完善的宣传简介、最佳的行动计划、最正确的政策立场和最具吸引力的企业形象也无济于事，销量只会一落千丈。我想告诉你的是，你必须与听众沟通。你的听众就是你的说服对象。无论说服对象是谁，是市政局还是亲戚，只要能够和他们真正地产生共鸣，对你的工作就会有帮助。不要对人对事自行判断或尖锐地评论，你要做的是：去了解你的客户。

沟通的黄金法则：在尊重受众的基础上与他们沟通，不要强加个人意愿。

众多运用沟通黄金法则制定的品牌战略都获得了巨大的成功,多芬便是其中之一。行业内的同事们告诉我,在2004年的时候，由于销售疲软且高管们认为品牌不够性感，当时就准备暂停多芬品牌的生产。他们派出研究人员,希望寻求“让多芬性感”的办法。在与数百名女性交谈后，研究人员们带回的结论是：“这样做是不对的。”

研究团队提出了新的观点：多芬需要展现真正的女性之美，即真实、诚恳、不受外界影响之美。执行层回应说：“这个想法太疯狂了。谁提出来的？不行，我们都打算停止生产了。”

听罢，研究人员们备受打击。他们知道自己收集的数据没有错，所提出的战略也是正确的。但他们知道自己犯了一个非常大的错误：讲述故事的方法未能引起执行层的共鸣。于是，他们重新找到执行层人员，要求能够与执行层人员的家人交谈。交谈过后，研究人员们将执行层人员重新带回房间，并给他们看了一段研究人员们拍的有关他们生活中的女性的视频。视频中，他们的女儿、妻子、母亲或女友讲述了她们对于自己相貌的厌恶感以及身体、面庞和头发给她们带来的不安感与恐惧感。观看了视频后，这些男性才了解了事实。

于是，多芬决定重新开始，真正地倾听顾客关于自身体重、衰老的问题，以及因为觉得自己不够好而产生的忧虑。此后，不同于其他品牌打着“好的，我们可以为您提供解决办法”的口号标签，多芬告诉消费者的是“你就是这般完美，我们为你庆贺。我们的产品就是为了让你呈现自己的最佳状态，呈现那个由缺陷和其他一切构成的最好的你”。这种突破性的尝试使多芬公司占据了行业的领导地位。

我们公司奉行的真理有两种：你的真理和受众的真理。就说服而言，重要的只有一个：受众的真理。如果你无法真正地倾听受众的需求，你就无法与受众交流。没了交流，一切都无从谈起。

什么是共鸣

共鸣一词可用于描述各种各样的经历。本书中，我对共鸣做出的定义是理解他人的情绪、价值观及行为的能力。这不意味着要认同他人的情绪、价值观和行为，但是你必须愿意放下自己的判断，留出足够多的时间以他人的视角看待世界。

要做到我说的积极共鸣，需要注意如下三部分：

1. **情感**：什么样的情感能让你与听众有效地沟通呢？该如何处理个人的情感和立场，以便于展开建设性的对话呢？

2. **价值观**：如何做才能够更好地理解听众认为的最重要的价值观，让我说的话能引起他们的共鸣，进而与他们交流我认为重要的东西呢？

3. **行为**：如何通过观察受众确实做了的事情，而非我以为他们做了的事情，来更好地理解对方呢？

人们在产生共鸣的过程中，通常只会关注上述三部分的其中之一，因此并不需要翻新每一个部分的内容，重要的是在实践过程中把这三部分视作一个整体。我将从三个维度讲述，在了解目标受众的过程中，该如何有意识地实践上述三个部分，你会发现这三个部分是有重叠的，并且这种重叠是有意为之的，因为你的感受、动力和行为都是相互联系的。但是，如果能有条理地逐个审视这些组成部分，你就可以窥见目标受众的全貌了。

共鸣是如何产生作用的

为了理解共鸣的重要性，我想先从共鸣在身体中产生的作用讲起。“共鸣”（Empathy）一词源自德语单词“Einfühlung”，意为“感受到”。共鸣的背后蕴含着众多的科学依据，并且这些依据与日俱增。事实上，我们也是在近十年才识别出大脑中控制共鸣的区域。

澳大利亚SEEK公司首席执行官蒂姆·厄姆斯顿（Tim

Urmston）是商业领域研究共鸣的专家，他用三个词简述了共鸣背后暗含的生物学内容：大脑、心脏和肠道。在听到或看到某个信息时，内侧前额叶皮层会接收到数据并做出反应。但该行为所占用的精力仅占身体问题解决机制的 5%，原因是这一过程中没有情感因素的驱动。

蒂姆解释道："通过产生共鸣，信息会传达到心脏，心脏是自主神经系统的一部分，也是镜像神经元所在之处。"仅仅看到他人在做一些危险或可怕的事情，如跳崖或坐过山车，我们就会产生恐惧反应，镜像神经元就是负责处理这种恐惧的。无论是因观看恐怖电影而尖叫不已，还是在视频网站上看到老兵终能回归故土而泪流满面，这些神经元的作用都是使我们能够产生替代性的感受。

共鸣联系也发生于肠道神经系统，也就是你的"肠道大脑"。科学家声称 95% 的血清素产生于肠道微生物群。所以"直觉"是有现实依据的。蒂姆接着说："共鸣不仅仅意味着我明白你说的是什么，更代表我能够感同身受，并且因为我能感受到你的感受，我就会从你的角度行事。一旦能够产生认知上的共鸣，选择与他人建立联系并聆听他们分享自己的经历，这种信息传达上的变化就会十分有趣，而且令人印象深刻。"

训练大脑做到感同身受

在马斯兰斯基联合公司，我们奉行的口号是：重要的不是你说了什么，而是他们听到了什么，要理解他人听到的内容就需要产生共鸣和掌握方法。杰妮 · 苏瑟博士（Dr. Jenny Susser）是美国应用运动心理协会及美国运动队登记处的持证心理咨询师，是美国运动心理学领域最杰出的专家。我与杰妮博士促膝长谈，希望她能够帮助我掌握产生共鸣的方法。杰妮博士强调说:“我们可以利用好奇心来保持同理心（即共鸣），人类是唯一大脑拥有三个完整层次的物种。你不会在同一时间既热情又冷漠，原因是血液一次只能流向一处。”血液的这种流动是由大脑中部的边缘系统控制的。额叶是大脑展开抽象思维、进行决策和执行功能的部分。当环境不构成威胁时，血液就会充满大脑额叶。“但是一旦你变得情绪化，血液就会从额叶流出。因此无论你是看到了一只剑齿虎还是打开了一封标题由大写字母构成的邮件，大脑产生的反应都是相同的:有威胁，得出声。”然后，血液就会流向主导生存的部位。

为了抵抗这种触发机制，能够进行与情感无关的、具有移情作用的对话，你必须要暗示自己:在劝说时要保持冷静，要常怀好奇心。

杰妮说:“为了做到这两点，一个有效的办法是不断询问相关的问题，比如，这个人来自哪里？他们今天有没有碰到什么事？”询问这些问题的目的有两个:增加前额皮质的活性以及促进血液向前额皮质流动。当我遇到这种情况时，也会问自己，我现在是在吵架还是在沟通？即使就是问问题，就算声音不大，甚至都没人回应我，也足以使血液回流。

情感性共鸣：变化三角形

情感性共鸣不仅是指理解对方的情感，而且还要理解产生这些情感背后的原因。为了进一步认识这一点，我拜访了心理治疗学家希拉里·雅各布斯·亨德尔（Hilary Jacobs Hendel）。她是《并不都是因为抑郁》（*It's Not Always Depression*）一书的作者，为变化三角形的研究做出了不少贡献。希拉里创造的变化三角形模型，可以帮助我们更好地认识并使用自己的情绪。对所有人而言，想要在即将爆发的情境中说服他人，掌握自己的情绪是非常有价值的。虽然希拉里是从个人情感角度解释变化三角形模型的，但就说服行为而言，也同样适用。希拉里对于变化三角形模型的解释是这样的：

变化三角形

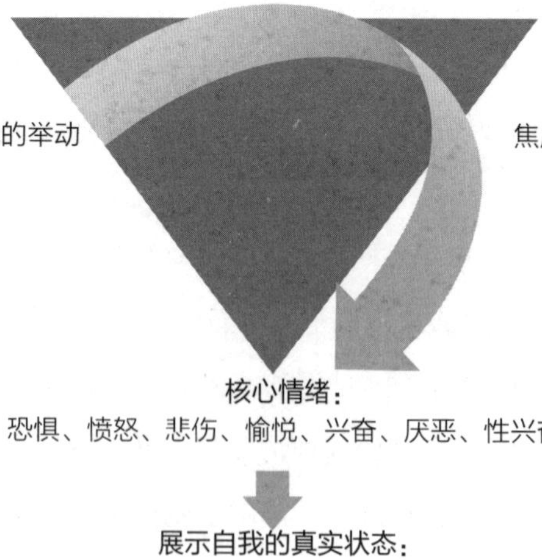

“变化三角形一角中的核心情绪——恐惧、愤怒、悲伤、愉悦、兴奋、厌恶、性兴奋，固存于我们大脑中且不受意识控制。环境是每种核心情绪的激发源，进而引发一系列的生理反应，促使我们采取行动。”她强调，这些情绪都非常有影响力，它们会告诉我们该采取什么行动，因而我们不应该逃避这些情绪。

“变化三角形另一角中的抑制性情绪（焦虑、羞耻、愧疚）会阻碍核心情绪的表达，在生理上也无法帮助我们。事实上，抑制性情绪会阻碍我们体验自身所需的那些情绪，使我们无法达成目标。”

讨论情绪的用处在于，你的听众必须先感受到这些有影响力的核心情绪，而后才能被说服。无须让人们感受到愉悦，让人们感到害怕、愤怒或厌恶，也可以帮助你接近目标受众，但如果目标受众感到了焦虑、羞愧、愧疚，那他们就会处于一种无法被说服的状态。

变化三角形的最后一角是防御，也就是我们为了避免核心情绪或抑制性情绪对我们产生影响而做的工作：开玩笑、讽刺、批评、走神、拖延、专注、消极思想、错误性挑衅、过度工作、过度运动、过度饮食、吃得太少、断绝关系、性、痴迷、上瘾、花过多时间沉迷手机或社交媒体。希拉里继续表示：“这正是我们做的事情，目的是避免进行艰难的对话、辩论，甚至是避免制定沟通策略。”

变化三角形的作用是帮助你尽快回到自己的核心情绪中来。当某事或某种情况让你或你的目标受众受到影响时，你首先必须确定让你或目标受众处于变化三角形模型的什么位置：防御、抑制性情绪，还是核心情绪。然后按顺时针方向围绕三角形移动，直到抵达你自己的核心情绪。这样的情绪能从本质上提供指导作用，实现和平，达成观点上的共识并找到解决方案。

当你触及自己的核心情绪时，就会形成希拉里说的 4C 情绪：冷静（Calm）、好奇（Curious）、自信（Confident）和同情（Compassionate），4C 情绪正是完成说服活动必需的情绪。我深谙一个事实：如果尚未具备 4C 情绪中的任意一个，要完成说服活动是不太可能的。

与不认同你观点的人（无论是个人观点、政治观点，还是工作观点）进行交谈会触发诸多核心情绪。但如果能与他们继续联系，而不因为他们的外在表现不愿坦诚沟通，你就能同他们产生积极共鸣，并长期合作。

但是，如果你从变化三角形模型的抑制性情绪出发展开说服活动，比如你感到焦虑、被他人拒绝、认为自己容易妄下判断或正在练习如何回避（想象这样的情形：感恩节的时候，你宁愿晚回家吃残羹剩菜，也不愿和兄弟进行一场对话），我就怀疑这时的你能否成功说服他人。

希拉里称："这其中的很多内容都跟意识有关。你要理解自己所处的位置，明白可以为他人带来些什么。如果你要说服的人以及你自己的情绪都被触发了，那么对话是不会产生效果的。但是，如果你能保持冷静，意识到自己情绪上的变化并认识到现状，那么对话就可以重回正轨了。"

在开始说服之前，你可以通过变化三角形模型对自己进行评估，做好事前准备工作。你可以列出自己在对话中、进行辩论时以及实行营销计划过程中的所有感受。你对自己的目标受众的真实看法是怎样的？你对自己的产品或职位是怎么看的？如果你发现自己存在抑制性情绪，或你的防御性情绪处于上升状态，那么在与受众对话前你需要克服这些情绪。另一方面，如果你感受到了核心情绪的存在，并且觉得自己思维开放，那就代表你已经做好准备了。

你还可以利用变化三角形模型去理解对方的感受。努力去理解他们对你提出的问题，对你的职位、产品或公司有怎样的感受，这对说服计划的成败至关重要。

我们有一个金融公司客户，从事 401（k）计划管理（提供税收优惠的养老储蓄账户）工作。他们无法理解为什么大家都不愿意办理该账户。养老储蓄对于人们来说是很重要的。如果每年都不存钱，之后再想要弥补、再开始存钱，就晚了。如果你一开始就存钱，对于到手工资的影响其实微乎其微。这就是这个客户打算向他们的目标受众传达的观点，看来似乎完全合乎逻辑。但是，当我们询问他们，对于那些从不存钱的人，你们的看法是什么时，他们给出的回答是："这些人做错了，他们怎么能错过这个机会呢？"所以我们又问道："你认为你们该怎样跟这群人对话呢？"客户对此很焦虑。焦虑属于抑制性情绪，它会抑制人们的好奇心，从而阻碍人们获得正确答案。

于是，我们询问目标受众，如果他们可以从薪水中额外获利，他们会有怎样的感受。他们回答说："首先，我们离退休还远着呢。

我们每周都要偿还抵押贷款、支付各种账单和育儿费用，哪里还剩得下一分一厘能存到账户里呢？”对于401(k)计划的相关说明，他们持抵触态度；对于那些满怀激情的宣传邮件，他们视而不见。这是因为他们太过担心自己的未来，以致不愿意考虑未来，他们能考虑的只有今天。

没有做到感同身受，会导致怎样的结果？这家金融公司为目标受众列出了当前就应该投资养老储蓄账户的理由，而目标受众的反应却是不停地删除他们发来的邮件、扔掉他们寄来的宣传信件。如果这家金融公司能够认识到，对于受众而言，今天比明天更重要，他们就可以重新制订一个说服计划，帮助人们在不牺牲今日生活质量的情况下，对养老储蓄账户进行更多的投资。

情感性共鸣的具体实践

要产生情感性共鸣，你就要保持自己与目标人或群体之间的情感联系。这要求你保持对事物的好奇心和开放的态度。练习情感性共鸣有三个关键点。

关键点 1：以对问题、产品、职位或公司的情感为基础

先设想一个具体场景——你将与你的受众进行互动，然后请你描述自己生理和情绪上的感受，去感受所有让你不适的情绪。有什么收获？利用变化三角形模型找到核心情绪，然后找出逃避信号可能的行为表现，并弄清楚什么情绪可能会阻碍好奇心。不

断感受这些情绪，直到你觉得自己心胸开阔了为止。

关键点 2：以目标为基础

这本书中我采访的两位心理学家都谈到了明确目标的重要性，这能够帮助你坚定信念。我们在第一章中已经强调，想成功就必须要有明确的目标。现在请铭记自己的使命，并将之视为不断警醒自己向前的咒语。当你在向着目标前进时，不断询问自己：你传达的信息与你的行为是否能帮助你不断接近自己的目标。

关键点 3：以他们的情感为基础

动笔整理说话内容前，或真正开始一次对话前，或制订一个推销计划前，你必须要与说服对象进行对话。如果想推销一款新产品，那就跟你的推销对象交谈。如果试图扭转危机后公司的声誉，那就和那些认为自己被误解了的人沟通。如果你打算竞选公职，那就与选民们交流。如果你想要劝说某人接受枪械管制的主张，就跟绝对支持“宪法第二修正案”（其中规定人民持有和携带武器的权利不得侵犯）[1] 的人聊一聊。

但我要说明的是：对话的目的不是改变他们的想法，而是要去倾听并理解他们的想法，避免自己直接做出判断。根据希拉里所言，判断是我们在处于不适状态时进行辩护的一种表现。无论你认为自己知道些什么、做出了什么假设，试着停下来，不要做

---

1 为美国宪法。

判断。

基于价值观产生的共鸣

正如社会心理学家乔纳森·海德特（Jonathan Haidt）在其著作《正确的思维》（*The Righteous Mind*）中说的，所有的交流都以价值观为基础。乔纳森与克雷格·约瑟夫（Craig Joseph）、杰西·格雷厄姆（Jesse Graham）共同提出了道德基础理论。该理论做出了如下设想，人类有六种内在的道德基础：关心与伤害、公平与欺骗、忠诚与背叛、权威与颠覆、神圣与堕落、自由与压迫。

同时，社会心理学家乔纳森等人还创建了 yourmorals.org 网站，为该理论提供指导。下面，我将进一步对这些价值观分解详述。

· 关心与伤害：其道德基础为善良、温顺和关怀的美德。这一价值主要与社会福祉、枪械管制、全民医疗及津贴相关。在公司中，该价值常常体现在对待员工的态度上。

· 公平与欺骗：其道德基础体现在司法问题及我们对公平或正确事情的认知上。这里需要解决的问题是：某个人、群体或公司的行为是否不公或某一群体是否遭到了区别对待。该价值通常用于公司工作中。

· 忠诚与背叛：其道德基础从我们的部落历史中演变而来，通过爱国主义和自我牺牲的精神予以体现。这里需要解决的问题是：某个人、群体或公司的行为是否忠于他们所属的集体。

· 权威与颠覆：其道德基础在领导工作和尊重传统方面发挥

作用。这里需要解决的问题是：某个人、群体或公司是否不尊重权威，是否与传统不相符合或是否引发了混乱。

· 神圣与堕落：其道德基础源于“厌恶”这一核心情绪。这里需要解决的问题是：某个人、群体或公司是否违背标准，言行不够体面，做了一些“令人厌恶”的事。该价值观在“MeToo”运动中一直发挥着重要作用，原因是处于主导地位的男性对不同女性的所作所为得以曝光。

· 自由与压迫：其道德基础与我们共同讨厌的那些妨碍自由或限制自由的人相关，以及与该厌恶情绪使得我们如此团结的动机相关。这里需要解决的问题是：某个人、群体或公司的权利是否遭到了剥夺。

为了进一步了解上述价值观在具体实践中的应用，我采访了马特·莫蒂尔（Matt Motyl）先生。

马特研究的内容是，不同道德、政治或宗教观点的人，沟通变得如此困难的原因，以及提高群体间交流质量的方法。他花了大量的时间和精力研究道德伦理及其在政治领域中发挥的作用。他说：“我们一直通俗地将之称为‘讨论过去的影响’。我们要求人们听取与自己立场相同或对立方的观点，其中所涉话题必须可控。经过研究，我们发现人们记不住对立观点的细节，但记得住相同观点的细节。这跟孩子们捂住耳朵，嘴里‘啦啦啦’地大叫，拒绝听家长说话是一样的。”

马特在研究中发现，大多数人不常与观点相悖的人交流。因此，当这种交流出现时，就本质而言，沟通双方所采用的表述方式并不相同。马特做过一项有关同性婚姻的研究，他观察了双方沟通的表述特点。从中，马特发现支持同性婚姻者会从公平性、平等性以及对个人产生的伤害角度论述自己的观点。与此同时，持保守观点的人则将争论中心集中于婚姻的合法性及维护婚姻制度纯洁性的角度。一方称某观点不公平，而另一方压根儿没从公平性角度做出过思考，那双方是难以达成共识的，他们甚至无法就两方关注的角度达成统一。

马特表示："当我们就环境问题展开类似讨论时，我们发现自由主义者会从神圣性出发，对环境和地球母亲做出思考。保守派则会从公平性角度出发进行辩论。他们会说，对于企业而言，限制他们建造基石输油管线这种类型的项目并不公平。"

马特和他的公司正要帮助人们了解的是，你的辩论对象并非一定怀揣邪恶意图、毫无理性且无知愚昧。相反，马特希望人们开始思考产生不同想法的原因，这是成功说服他人必备的基本技能。

基于价值观而产生的共鸣超越了乔纳森 · 海德特提出的道德政治世界，纵身一跃，延伸到了我们生活的日常世界，比如解决消费者如何与公司合作的问题。基于对公司声誉问题的研究，迈克尔 · 马斯兰斯基对自己所说的负面叙事做出了定义。这种叙事方式符合海德特的理论，但论述角度不同。例如，根据马斯兰斯基的研究，当消费者看到产品安全的相关报道时，他们会做出假设：公司认为"利润高于安全"。那么消费者就会得出一些负面的结论，认为该公司有所隐瞒、滥用权力或试图逃避责任。这种情况时有发生，而这些叙述也在意料之中。理解消费者对于某种情况的认知，能够帮助了解对他们而言最重要的事情，进而展开沟通。

基于价值观产生的共鸣的具体实践

无论是政界还是商界人士，要想让受众理解你的语言，首先，你就必须明白，在这个问题上对你来说最重要的价值观是什么；其次，你必须明确，对你的目标受众而言，最重要的价值观又是什么。举例而言，如果你正在争取对枪械管制进行更严格的立法，那你可能需要集中精力论述对枪械管制严格立法有助于保护你和孩子在内的所有人的安全。因而你的首要价值观就是关心与伤害。但是，对于支持“宪法第二修正案”的人来说，最重要的价值观是什么呢？如果你仔细分析他们的论点——“你们没有权利拿走我的枪”“我不需要政府来告诉我我能做些什么”“我有权携带武器”，很快你就会发现他们主要关心的价值观是自由与压迫。一旦明白了这一点，你就可以围绕该价值观（他们认为最重要的价值观而不是你认为最重要的价值观）进行论述。

如果你的目标是在危机过后重建公司声誉，那么一般而言你可能会采取防御性态度，但其实你需要做的是了解公司之前违背了什么主要价值观。如果事关员工待遇，那么你需要研究的价值观就是关心与伤害或其他相关价值观。

为什么理解交谈双方首要关注的价值观如此重要呢？因为这可以防止你采取防御性态度进行对话，比如说出“但是我们说的并不是这个问题”这类话。如果你发现自己持有防御性态度，那很明显出现了一个问题：你并未与对方产生共鸣，而进行对话正是为了产生共鸣。

在说服酒水公司讲述伏特加的起源，以及在银行大街那个案例中劝说客户解决受众的被背叛感问题时，我们必须说服这两个客户使用相同的共鸣策略。

他们所奉行的价值观本是公平：“我们也是一家企业，所以我们必须有盈利才能养活员工并继续生产产品。”而为了说服这两家公司，我们就得从尊重他们的道德价值观出发。于是，我们回应道：“你们说得完全没错。你们是一家企业，因此你们绝对有权优先考虑自己财务的需求。但是要想扩大你们的客户群及市场份额，你们就必须理解听众对你们的看法、解决客户关心的问题。”我们承认并尊重他们的价值观以及他们对公平的尊崇，然后再提出要求，即他们需要尊重客户的价值观、关心客户所需。

对于科技领域的客户而言，做到上述要求是极具挑战性的。硅谷社区就十分看重数据价值，通常，他们会凭借自身经验或从科学角度出发，寻求解决问题的最佳做法，所以他们无法相信，数据竟然不足以说服客户。无人驾驶汽车就是一个很好的例子。他们的数据表明，无人驾驶汽车可以拯救人们的生命。然而，大多数人虽然享受乘车的乐趣，却又害怕无人驾驶汽车。总而言之，更多时候，我们是从感性角度而非理性角度做出决定的，因而对于大多数更加依仗科学思维的品牌而言，要理解这样一种观点的确是个挑战。

相比之下，苹果公司深谙要走入人们的日常生活，科技公司必须呈现出更友好的姿态。苹果公司研发的第一代 iMac 电脑，就是对产品的颜色和外形做出了变化，使得之前认为该款电脑令人不适的人，愿意以友善的态度重新审视这个产品。

如果无法彻头彻尾地向人们展示其极具吸引力的外表，个人电脑就无法真正实现其“个人性”。苹果公司是如何做到的呢？尊重消费者的恐惧，然后努力消除他们的恐惧。如果苹果公司坚持从自我角度看待产品，那么他们当时就会错过那极佳的营销机会。

基于行为产生的共鸣

基于行为产生的共鸣指要理解人们做事的缘由。蒂姆 · 厄姆斯顿在一家医药公司工作。他想弄明白，为什么一个患有 2 型糖尿病的年轻母亲明知道注射胰岛素能让病情好转，却还是不在晚上注射胰岛素。我们在糖尿病方面做了很多研究，其中最令人心碎的现实之一就是：医生和药剂师对 2 型糖尿病患者的共鸣心极度匮乏。医生和药剂师们无法理解，为什么糖尿病患者就不能减减肥、不能多多锻炼。蒂姆的团队希望打破这种先入为主的观念，找寻事实的真相。诚然，这些患者是希望自己能够早日康复，然后陪伴孩子成长的，所以这其中必定还存在其他隐情。

于是，蒂姆带着团队走进乡村，观察一些母亲的生活。她们下班回家后会先去接参与实践活动的孩子回家，然后准备晚餐。

经过几个小时的观察后，团队成员询问母亲："你为什么不注射胰岛素呢？"得到的回答是："我都忙忘了。"

蒂姆说："这是一种洞察。你在做事情时要有意识地进行洞察。我将之称为非共情性洞察或传统洞察。你可以打破既定框架，在她周围设置各种提醒，比如在手机应用上设置提醒事宜、在包上挂个蜂鸣器等。有的公司就会这么做。他们会打破传统思维，创造出新的方法。"

而蒂姆的公司却并未这样做。他们从这些年轻母亲的角度出发，审视收集到的所有数据。他们想象着，如果自己是那些年轻的母亲，当她们刚从每晚例行的繁忙活动中抽身出来时，就要在自己的手臂上注射胰岛素。这时，一种截然不同的思维方式萌生了："每次我将针头插到自己的手臂上时，其实都是在提醒我自己一个事实，那就是我就快要崩溃了。拜托，别再在孩子们面前展现我崩溃的样子。"这种思维使得这家公司开始研制片状及泵送式药物，以延长患者寿命。之后，这家公司所传达的理念集中于："我是英雄，我能照顾好自己的身体。"通过站在这些母亲的立场上思考，他们成功说服这些母亲服用他们公司生产的药品以延长寿命。

基于行为产生的共鸣就要绕过理性洞察，给自己以警示，而后询问自己：这个人的想法是什么？

基于行为产生的共鸣的具体实践

并非所有人都和蒂姆一样，有时间、有渠道进行完整的社会研究，所以我来告诉你一个不同的方法。对于基于行为产生的共鸣来说，你要达成的目标很简单，就是根据要解决的问题、推出的产品以及公司情况，了解目标受众做事的原因。因此，你需要和目标群体中的人交流，然后像记者一样，毫无偏颇，记录事实。

以下是杰妮·苏瑟博士所教授的一些内容，能够帮你在与受众交流时获取最多的信息。

要有自知之明。尤其要对所有能够触发自己情绪的东西了如指掌。我们都会根据自己过往的经验处理信息，并将这些信息与之前所听所知的内容联系起来。但可惜的是，当所处理的信息涉及同理心倾听时，我们就会过早地做出结论。可能别人还没解释完自己的观点呢，我们就已经根据自己听到的内容自行给他们贴上了标签而后审视他们的经历。为了能够真正做到同理心倾听，我们需要做出转变，真正地倾听自己内心的想法。如果你的大脑中已经形成了判断，那也不要管，而是要询问：为什么我们不能表现出好战和锐气，而要基于自身的兴趣和好奇心来更深入地了解受众呢？试着去了解受众的真实情况以及他们说出那些话的真实理由。

不要受到他们沟通方式的影响。如果他们说话带有口音或是偏向于使用很多赘词，比如“嗯”之类的，不要对此做评价。不要因为对方用词大胆、羞涩、过于活跃或萎靡不振而影响对话。上述这些因素都会影响到我们的真实倾听。在对话中，通常我们关注的是某人对某事物的论述方式，而非他们的论述内容。关注过程中我们的情绪是兴奋抑或是无聊。注意，如果你开始评判别人了，可能就意味着你受到了他的沟通方式的影响。不要为那些琐碎的事情分心，要把注意力集中于理解这个人所说内容的真实含义。

全神贯注。集中注意力是需要精力和意志力的，也就是说你不能一心多用。对话的同时不要发邮件或回复电话，而是要直视对方的眼睛，面对面专心交流。如果是通过电话交流，你的面前也不要出现诸如笔记本电脑一类的任何屏幕。此外，在我们工作时，葡萄糖会为大脑供能，因此交谈时不要饿着肚子。如果可以，将对话内容录制下来，这样你就可以在回去后进行二次分析。记住，与对方交流时，其他任何事情都无关紧要，只专注于对话就好。如果你的交谈对象是你认识的人，那么就想象你之前从未与他们说过话，你现在的任务就是要尽可能地了解他们的一切。

提出的问题要明确。不要着急，冷静地做出结论。虽然我们经常会想象自己在事件中争论，但是我们更经常发现自己错了。比如，我曾与共和党人成立了一个焦点小组，讨论其削减儿童教育项目开支的原因。我本可以这样假设，即他们就是不在乎儿童教育，冷酷无情。可是我了解到的是，他们其实非常想为所有的孩子提供机会助他们走向成功，但是当听到“福利”或“支出”这样的名词时，他们就会不假思索地拒绝。如果我们能换一种语言表述，将“支持先发项目（Head Project），扶贫攻坚战的最后一场战争”变更为“投资先发项目支持我们的青年，确保每个孩子都有机会走向成功”，结果将截然不同。他们不愿投资儿童项目不是因为冷酷无情，而是因为他们目睹了脱贫攻坚战的失败。

他们目睹到的是过度消费，因此他们更愿意提供帮助人们取得成功的手段。因此，我要求你们花时间去了解的是不能妄下判断。这才能够带来真正的改变。

下面是你需要问自己的问题：

1. 今天你对于这个问题/产品/服务的看法是什么？

2. 关于这个问题/产品/服务，你的经验是什么？

3. 你从哪里得到了这些经验？

4. 你与谁讨论过这个问题/产品/服务？

5. 通常谁会影响到你？

6. 你是从哪里得知这些信息的？

7. 这个问题/产品/服务会给你的日常生活带来怎样的影响？

8. 对你而言，你最看重这个问题/产品/服务中的什么？

9. 你愿意秉持开放态度接受新观点吗？为什么愿意或为什么不愿意？

10. 站在你的角度，你有什么想问的吗？（这是最后一个问题，可能也是最重要的一个问题）

积极共鸣：凝聚一切

当目标受众无法理解我们的想法时，通常我们会感到沮丧。那时，他们不愿意听我们说话。但是我要告诉你，这也是我们跟所有公司客户说的话：如果他们不愿意听你说话，错并不在他们。只有当你对受众的了解程度等同于对自己、对产品及公司的了解程度，你们才能够真正进行沟通。在这样一个充斥着繁杂万物、无数信息、各式广告及噪声的世界里，你必须找对办法寻求突破，然后使得自己可以仅需轻轻点击、滑动鼠标、搜索信息或发送邮件就能够与目标受众进行沟通。你无法到他们所在之处与他们沟通，他们却能找到愿意跟他们面对面交流的人，这对你有百弊而无一利。此间重要性如何强调都不为过：说服是一种需要产生共鸣的行为。它需要你全力以赴、全神贯注。它需要经训练才能获得。但是如果能够找到正确的方法，那结果必然让你甘之如饴。一旦真正了解了对方，你就能参与其中，使问题有所进展。如果你尚未从本书中习得任何知识，请专心研读本章内容，这将改变你对说服行为的看法。我保证，你绝不会后悔。

第四章　倾听仇恨者的声音

傻瓜的乐趣不在于理解他人，而只在于表达自己。

——《箴言》

如果说，上一章讲的是说服他人需要确保双方能在思维上产生共鸣，那么本章要讲的，就是直指其中的尖锐话题。这里我们要谈到的是诽谤你的人、仇恨你的人以及挑衅你的人。对于他们，我仍要求你保持能产生共鸣的心态。事实上，这样做很有必要。我们发现，人们很容易与赞同自己观点的人产生共鸣，但文化中日渐衰退的正是我们对持相反观点的人产生共鸣的能力。

这就是这个话题私人化的地方。我向客户公司的首席执行官汇报某产品的反馈信息时，情况也是如此。大多数时候，我汇报的产品信息并非由该公司生产，而是由其他公司生产销售的。但是他们接收到这些负面反馈时，仍会感到不适，仿佛我在调侃他们的发型或在揶揄他们看起来太过滑稽，这让他们很受伤。他们似乎很想问我："好吧，那我想先知道他们对我的看法是怎样的。"你猜怎么着？他们比你想象中敏感得多，脆弱得多；并且大多数人收到负面反馈后，都会犯下很大的错误。

重要的是要记住，我们这里说的仍然是在第三章中你了解的那个群体。不能仅仅因为观点和价值观不同，就拒绝接受他们的观点和价值观。在这个过程中，我们必须持续了解对方并始终心怀勇气。

宾夕法尼亚大学的认知神经科学家埃米尔·布鲁诺（Emile Bruneau）就是研究共鸣的专家。他发现，相比和观点相近的人产生共鸣，和观点不同的人产生共鸣要困难得多。《纽约时报》（*The New York Times*）上刊登过布鲁诺的一篇文章《大脑的共鸣鸿沟》（*The Brain's Empathy Gap*），文中布鲁诺解释道："我们想到敌人时，大脑会产生'共鸣鸿沟'。它会削弱产生共鸣的信号，而这种削弱会起到阻碍作用，使我们无法设身处地地为对方着想。"如果我们不喜欢自己的说服对象，我们就容易下意识地抑制自己与其产生共鸣。这也就意味着我们必须要有意识地投入到共鸣的产生过程中去，共鸣并不是自然而然就能产生的。

最近，我的一个朋友与她72岁的父亲发生了激烈的争执，原因是她想对一些节日传统进行些更新，然后在婆家（与娘家在信仰上有较大区别）形成更具包容性的家庭氛围。在我朋友8岁的女儿也加入讨论后，事情变得有点难堪。她的女儿说："外公做事永远只遵循一种方法，这没错。我爸爸用另一种方法，这也没有错。你们想让每个人都开心是没错的，但是每个人都是不同的啊，每个人都可以有不同的感受。”

我的朋友和她的父亲都笑了。小姑娘说得完全没错。他俩一直在试图争辩出个对错，但是两人之间却没有互相交流，没有了解对于对方来说最重要的东西是什么，原因又是什么，因此这一争论本身就是个失败的命题。一旦他们开始讨论双方各自关注的点与原因，他们就会发现外公在一些事情上也是愿意让步的，这就为女婿所重视的事情腾出了空间，传统也就随之发生了更新。

在本章中，我将教你如何沟通，如何与仇恨你的人沟通，如何做到在尊重他们自我认知核心以及与众不同之处的同时，说服他们改变想法。

如果我们将建立联系与实现双边教育作为目标，而非以“我要告诉这个人他是错的我是对的”为目标，那么相比当前，我们就能更好地弥合国家内部的分歧。但这种方法从未有过效果，原因就是它违背了神经生物学的内容，甚至加剧了冲突。

但是，请记住，本节中我提出的那些建议对任何人来说都不简单。听到他人的批评会让你有所抵触；听到对立的信仰时也是一样。为了实现你在第一部分中确定的目标，我的要求是，不要只想着超越目标，而是要通过目标汲取“氧气”、获得“能量”。我会告诉你一些有用的技巧，让你即使在面对攻击时也能保持客观、善于接受。

说服是为了构建联通性，因此我们必须要记住：无论坐在我们对面的是谁，双方的共同点一定很多，远远超出我们的想象。

关于批评者

在弄清受众对奉承和谴责的认识之前，你必须接受一件事，就是永远无法做到让所有人相信你的话，所以有时实现渐进式的进展就足够了。当你仔细观察批评者时，必须要秉持实事求是的态度。因为你正迈入的可能是一个颇具争议性的领域。这里存在着风险，有风险就会有消极面。英国作曲家古斯塔夫·西奥多·霍尔斯特（Gustav Theodore Holst）曾帮助开展《奥斯陆协议》的谈判工作。他曾表示，大多数人在谈判中犯的错误就在于，他们试图把A到Z的一切讲给听众听。古斯塔夫说："你应该是要告诉他们A到B之间的内容。"这是一场游戏，我们需要缓步前进。

对于这一点，我是这样解释给客户听的：如果我们的国家没有在同性婚姻平等化方面迈出一小步，那就不会有同性婚姻的存在。首先，赞同同性婚姻的人会这样说："我们希望同性恋者也能够拥有平等的权利。"然后，就能要求法律保护同性恋者的平等权利。接着，他们会继续说："我们希望为同性恋者建立公民联盟。"于是，法律就会有所改变。人们认为同性婚姻平等化的道路上存在太多艰难险阻，因此不通过这两个渐进的步骤，我们是无法实现婚姻平等的。这是一场游戏，我们需要缓步前进，然后巨变才会到来。

无须多言，我们都知道，实现目标的途中总是荆棘遍布，因此我们在历经巨大考验之时依旧要耐心沉着。谈到人权时，更是如此。人们会问："为什么我们要有耐心？为什么那些心怀仇恨的人要限制我的权利或自由？"但这只是假设而已。我们在讨论高效说服力时，必须牢记的信念就是所有的观点都可以有所发展。

同时，受到批评也并不意味着你一定做错了事。事实上，经过多年从事说服工作的洗礼后，我认为，如果你要和一个态度消极或心怀仇恨的人打交道，即使他做的事情是正确的，你也会出现强烈的抵制情绪。当面表明自己的立场，决定着沟通的未来走向。在背后平静温和可并不管用。

把握底线

我们要做的第一件事是弄清受众对于你 / 你的产品 / 你提出的建议 / 你的公司的看法。我们需要他们快速且诚实地说出他们对你的初印象，这样你就可以了解自己距离目标还有多远。

如果以个人为单位进行说服，那么你可以发电子邮件或亲自登门来征求反馈，但你必须明白自己的职责是以中立的态度接受他人的反馈。你正在进行实事调查，因而你不能对任何人动怒或拒绝他们的诚实。你不会希望出现这样的情况：别人在跟你沟通时说的是你想听的内容，但到了重要时刻却投了反对票。要补充的是，这里说的投票并不仅指纯粹意义上的投票。上述内容在家庭内部或团队会议上都适用。

如果你需要就公司层面提出些建议，那就可以尝试使用如调查猴子（Survey Monkey）这种在线调查服务，以匿名的方式征求有关你的表现或对你的建议的反馈。如果你是家公司或是某个品牌，焦点小组会是你收集目标客户真实数据的最佳方式。

收到反馈后，我们会将参与反馈的对象分为四组。第一组是你的粉丝。我们爱自己的粉丝，但是在本章中我们不会赘述。第二组是对你一无所知的人，他们不知道你、不了解你，甚至都没有注意到你。第三组是那些对你持有负面看法的人，并且这种负面想法不一定是一时的情绪化，更有可能是因为他们认为你的产品毫无用处、认为你的品牌廉价或认为你没那么聪明。第四组是处理起来最具挑战性的那群人。他们也是增势最为明显的一个群体：仇恨者。我们的社会已经成了一个由仇恨和爱定义的地方。仇恨者指的就是持有根深蒂固的负面想法的那群人，而他们正是我们在政治活动中最需要关注的。现在的世界非黑即白，不再存在灰色区域。要不你就跟我一起并肩作战，要不你就会成为我的对手。如果你成为我的对手，那你就一定是邪恶的，因而我就会仇恨你，不是吗？

上述分类可用于政治事件、宗教事件、以价值观为导向的事件以及对人们生活至关重要的事情。对于公司而言，数据上的泄漏会波及数百万人，然后就会出现身份被盗用的情况，这会使公司付出巨大代价。而就个人来说，邻居房子的抵押品赎回权被取消了，就会使你仇恨银行。因为取消赎回权的就是银行。这还包括了我们国家所面临的最具煽动性的一些问题：堕胎、枪械以及环境。但是在讨论在如此深刻的分歧面前，怎样才能有所进展之前，让我们先来讨论讨论那些没有意见或是持负面意见的人（记住，我们不是在谈粉丝）。

不发表意见的人

公司和个人很类似，都很容易忽视那些不发表意见的人。哀求浪子回头或是逃之夭夭都是人之常情。于是，我们是如此关注我们现有的底线或着力于平息诽谤者的言论，以致我们常常会忘记，那些不发表意见的人已经逐渐变成芒刺在背，甚至已经具有了说服他人的力量。因此实际上，你可以考虑与这一人群沟通，然后询问他们："为什么你们对我们没有任何意见呢？这样我们该如何改正呢？"

如果你的调查结果表明，大多数人对你或提议没有意见，那就意味着你需要有所作为，进一步传播自己的信息，但同时这也是个机会。我们经常会在共同基金、年金组织以及科技公司里看到这种情况。在这些行业中，内部人员常常会忘记这样一个事实：外面的人对他们的兴趣可能远比他们自己想象得少。公司内部的人员是与产品关系最为密切的一群人，他们往往会发现，普通人对他们的金融产品或科技产品没有什么感觉，于是他们会更愿意关注那些已经购买了这些产品的客户。

的确，说服那些具有积极意愿购买该产品的人非常重要，但是吸引那部分尚未意识到自己可以购买该产品的人群，说服他们购买产品，才是更为重要的事情。

我们会在第三部分和第四部分中讲述上述内容。同时，我们着重关注反馈者分类中的后两组（即对你持有负面看法的人和处理起来最具挑战性的那群人），说服他们会是我们工作的难点所在。

持有负面意见的人

以气恼与愤怒作为回应，无法提高说服能力。

——鲁斯·巴德·金斯伯格（Ruth Barder Ginsburg）

从事这一工作的前十年里，我完全忽略了仇恨者与批评者的存在，这是很多人身上都会出现的问题。当时我成立了焦点小组讨论工作。我们做的第一项工作就是检验候选人，确保我们选的对象是最适合的。而客户想要了解的，是这些人对公司产品、公司或问题的看法。我们当时使用的是 10 分制的积极性测量表，得分在 0 到 3 分的人最多。这一人群的想法已经根深蒂固，因此我们认为说服他们是不会有效果的。

因此，当时我们不会将这些人纳入说服对象之列，但是现在时代已经发生了变化。当今社会，社交媒体无所不在，所以我们不能忽视仇恨者的存在。现在我们已经知道了，只要辅以正确的方式，我们就能够让仇恨者参与进来。对他们的视而不见就是对机会的巨大浪费，并且这种视而不见也是导致现在政治领域回声室效应的关键因素之一。相比不同阵营里的人发出的不同声音，听到与自己阵营一致的人的不同声音会更让人感到舒适。

而上述观点的悲惨之处就在于，你成功当选某职位后代表的是所有的选民，而不仅是那些为你投票或赞同你观点的人。如果不花时间聆听并理解意见不同的人的想法，你如何代表他们的利益呢?

另一种常见做法是为了减少风险，于是不做、不谈论任何有可能带来争议的事，以免产生任何抵制。我们会召开焦点小组会议，以确保公司希望举办的活动及他们即将推出的系列活动不会引发任何麻烦。冒着疏远所有潜在消费者的风险行事，任何人都不会愿意。

当前的社会环境已大有不同。在与产品毫不相关的问题上发声，会让消费者对该产品产生怀疑。

佛罗里达州布帕克兰市玛乔丽·斯通曼·道格拉斯高中（Marjory Stoneman Douglas High School）发生大规模枪击案后，迪克体育用品（Dick's Sporting Goods）发表声明并在全国范围内刊登广告，声称其会停止出售突击式步枪，并且会将最低枪支购买年龄提至21岁，他们表示会做出力所能及的贡献。这样的做法极具风险性，因此即使是在几年前，也不会有品牌在这样的事件上主动发出声明，毕竟这可能会大大疏远全国步枪协会（NRA）会员这种大的潜在客户。

有许多公司不会公开发表声明，而是会在私底下投资大量金钱支持与他们观点相投的一方。有些公司之所以不惜一切代价雇用我们，就是希望能联合我们的焦点小组，测试出表达自己观点的最保守的方式。本质上而言，他们想说的就是“我们正在推出您可能想要的产品”，而讨论过后的保守表达则是：“这听起来不错，因为您已经预先做出了选择。选择我们，成为可能想要它的那个人。”这种表述就像是一个反馈环，兜兜转转，一点都不果敢，却又击中受众的内心需求。

现在，过半美国人都认为，真正能给国家带来改变的是美国公司，而不是美国政府，因此人们希望公司及公司的领导能挺身而出，做出艰难的决定。过去，美国面对的最大风险是不知道要表达些什么，而今天最大的风险是什么都没有表达出来。2018 年 Cone & Porter Novelli 公关公司发布的目标报告显示，78% 的美国人购买某品牌的初衷仅仅是该品牌就某争议问题的立场。50% 的人会基于该公司的理念或价值观。相比那些保持沉默的品牌，有 51% 的人会对勇敢发声的品牌有更高的忠诚度，而有 48% 的人会坚定支持或捍卫某个发了声的品牌并对那些沉默不言的品牌做出批判。相比 2014 年，30% 的人购买或抵制的产品数量增多了。这一切都意味着，我们现在所处的时代要求我们必须要深入虎穴，敢于冒险。只有当你真的深入虎穴了，你才会发现，并非所有人都赞同你的观点。

到目前为止，就个人及职业生活而言，我们本能地认为：“我们不会和仇恨者交谈，因为‘仇恨者怀抱敌对情绪’。”但是，如果我们要考虑的是类似枪械管理一类的问题，那么无论是迪克体育用品还是百万妈妈游行（Million Mom Marches）活动，如果不与仇恨者交谈，我们就永远不会有所改变。2018 年昆尼皮亚克（Quinnipiac）做的民意调查就是佐证。这一调查的结果显示，97% 的美国人支持对所有有意愿购买枪支的人进行背景调查，但这种背景调查实际没有被执行。这也就意味着，这样的对话因 3% 的人的声音而受到了阻碍。如果我们无法说服立法者，告诉他们必须要支持 97% 人群的想法，有意义的改变是不会出现的。

说服他们，即使是仇恨者

2017 年时，我们开展了一个项目，服务对象是一个希望改变美国人对穆斯林看法的组织。我们做的工作是要找到能够促进这种转变发生的表达方式。该组织的勇敢之处在于，他们明确表达出，希望倾听仇恨者的声音。因此，我们选择了一些保守的高加索裔美国人。他们在 2016 年选举时并未投票支持希拉里·克林顿。他们参与了有关穆斯林偏见问题的问卷调查，并且他们所有人都与美国穆斯林有私下联系。

接下来发生的事让我们十分羞愧。我们竟错误地认为，如果这些人见到了美国穆斯林，这两个群体会互相了解对方，然后这种亲近会让他们难以讨厌对方。然而事实证明，他们彼此之间有强烈的偏见，根深蒂固。即使告诉他们下列事实：现役军人中有一万名是穆斯林；大多数对美国本土的恐怖袭击实际来自右翼极端分子而非穆斯林组织；伊斯兰教是首个赋予妇女所有权及继承财产权利的宗教——他们也仍是拒而不信，甚至还会愈加愤怒。

我们要做的是找到一种方法，不动声色地了解他们的底线。我们认为，如果自由（尤其是宗教自由）是一种价值观，那么为什么他们不能敞开心扉接受那些来到这里、希望感受我们宗教自由的人群呢？但是这群人也十分担心自己的价值观会受到冲击。在穆斯林社区里，他们就看到了穆斯林价值观向美国价值观的转变。

当我们向听众说出"美国穆斯林"一词并要求他们写下自己想到的第一个单词或短语时，他们写下的是外国人、移民、局外人、恐怖分子之类的答案，而像我这样的人并不在他们的答案之列。更糟糕的是，他们认为自己已经足够了解伊斯兰教。他们对伊斯兰教的本质的看法根深蒂固，这些强硬的想法都是基于他们对恐怖分子而不是穆斯林本身的了解。

当我告诉听众，他们需要了解自己的底线时，就意味着他们要与说服对象之外的人对话。这个案例中，希望改变美国人对穆斯林看法的组织聘请我们公司担任他们的调解员，测试信息的传递效果，提出必要的问题，同时将个人情感排除在外。这才让问题有所进展。如果我们仅仅将两个小组放在一起，不施加其他措施，那么想要取得成效是不大可能的。

说服仇恨者需要极大的好奇心和纪律性。由于人们很难听到仇恨之声，所以有时候我们甚至需要创造出一定的距离感。这确实极具挑战性，但作为说服者，我们的工作是要坚信采访的这些人都是正派人士，只是在我们的想法里，他们所持观点会有偏颇，具有伤害性。回想一下 2016 年大选后的首个感恩节。许多人都必须要回归自己挚爱且尊重的家庭，而他们父母的投票就仿佛一记重拳打在他们心头，但是他们只能说："这是我的父亲 / 母亲，他 / 她不是个坏人。我要怎么跟他 / 她沟通呢？"我们的工作就与之类似。

我们尝试了许多不同的办法，其中一个办法是：既然仇恨者认为美国穆斯林不认同自己的价值观，那就要让美国穆斯林自己说出，他们是认同这种价值观的。于是美国穆斯林说："我们的价值观与你们的一样。"仇恨者的回答则是："不，你们的价值观与我们的不一样。你们都不知道我们的价值观是什么。你们来自不同的国家。"即使美国穆斯林称，他们是第二代或第三代美国人，仇恨者仍然报以同样的回答。我们在调查美国穆斯林时发现实际情况更加复杂：许多美国人是学着《圣经》成长起来的，他们尊重生命，认为慈善十分重要。而大多数美国穆斯林也尊重生命，只是习得这些内容的源头不同，他们是从《古兰经》中习得的。

我们屡次碰壁，但经过大量反复试验后，我们最终发现了应对仇恨者的三种策略。第一种策略是，不要谈论共同的价值，而是要找到我们可以达成共识的东西。你觉得这个策略怎么样？在这种情况下，我们要谈的第一件事就是为什么我们都生活在美国。我们询问了一个美国穆斯林男子，他说："生活在这个国家的美妙之处在于，美国给了每个人追求梦想的机会。社区建立在自由平等的基础上，而我们努力工作就可以实现梦想，获得成功。”这样的理由是十分积极向上的。

这一策略的特别之处在于，它实际上不是在说“你和我是一样的”，而是通过讨论美国的价值观以及我们可以达成共识的美国梦，来为这种相似之处做出证明。

第二种策略是，不要单单告诉仇恨者事实，而是要讲述故事，向对方展示标签之下的东西。不要像开始那样，告诉他们服役于美国武装部队中的美国穆斯林达一万人，而是跟正在服役的一名穆斯林军人交谈，询问他做了些什么工作以及他的家人是怎样的。我们发现，相比称自己为美国穆斯林，当他们找到与仇恨者的共通之处时，他们的反应会好得多，比如可以称他们为信仰伊斯兰教的美国人，以此展示出他们对自己身份的第一认知仍是美国人。然后他们进一步表示：“我的一个身份是穆斯林，但同时也有其他的身份。我是一个建筑师、一个父亲、一个美国人，还是一个老鹰队的球迷。像我一样信仰伊斯兰教的美国人有着许多不同的地方，但我们都是美国人。”

第三种策略的效果最佳，也就是表明信仰伊斯兰教的美国人的关注点。他们表示：“你们知道的，世界各地有那么多新闻报道。你们在看到后会对我们在美国社会扮演的角色担忧，这是可以理解的。但是我想让你们知道的是，我们也在高声谴责暴力。我们希望结识更多美国人并有机会回答他们的问题。我们鼓励社区对任何形式的极端主义都保持警惕。”

这种策略打开了事情的局面，使得仇恨者感受到，我们在倾听他们说的话。如果他们没有感受到我们在倾听他们的话语，那么一切都无法有所进展。这也是我们在其中学到的最重要的一课：承认仇恨者的担忧，表面看来你后退了一步，但这实际上是将事情向前推进的一种方式。

当然，最终人们可能会说："等等，要接受偏见的是美国穆斯林；他们才是需要受到同情的人！"但是他们也是想要进行说服行为的人。因而，如果他们想要成功，无论如何他们都需要找到一种方法，深入了解并与那些正对他们作出评估的听众进行对话。

摆脱羞耻感

在试图说服仇恨者时，我们往往会倾向于利用羞耻感，这在政治上体现得尤为明显。正如我们在变化三角形模型中所认识到的，羞耻感会使人们感到失望，因而这种战略百分之百是错误的。在社交媒体或 24 小时滚动的新闻报道中，我们经常会听到："如果你在投票时是以 X 方式或 Y 方式思考，那你就是个白痴。"我们并不是贬低这种想法，我们反对的是持有这种观点的人。即使你的目的是说服别人改变想法，这样的做法也是不对的。人们会跨越党派，接触其他党派的家庭成员，说的却是："你难道不看报纸的吗？别犯傻了。"当然，这种话语得到的回复只会是："我可不是个白痴。别叫我白痴。"

纵览历史，没有人会在明知某人相信了错误信息的情况下，还说："天哪，你说得对。我才是个白痴。感谢你。"那根本是不可能的。越是锐气旺盛的人，越会受到反对派的影响，而这本质上其实就是固执己见。

有些选民认为自己在经济复苏进程中落后于他人，如果民主党人希望从这些选民手中获得选票，那他们就需要做好倾听的工作。候选人要表达："我能够感受到你的痛苦。（还记得吗？）我明白你认为政府有负于你，那些政客有负于你。而我想要告诉你的是，从今天开始，一切都会有所不同。我所做的这三件事就是为了能够发展经济，进而能够让你从自己的账户中感受到这种改变。"诚实正在解除武装。

经测试，最有力、最有效的语言表达是"在看到全世界各地的新闻报道后，我们可以理解你们为什么会关注穆斯林在美国发挥怎样的作用。"这种表达不具防御性。相反，它走到听众所在之处并对他们的想法做出了验证。这仿佛是在说："我们已经意识到了挑战的本质。"记住，承认与认可并不相同。找到能够达成共识的空间可以消除敌对情绪，因为你们找到了彼此间的共同点。

即使你可能完全不了解仇恨者，找到解除他们武装的切入点也是最为重要的策略之一。我有一个朋友在网上非常知名。通过发布与政治相关的帖子，她希望能够吸引更多的追访者，但是她的帖子表达出的总是"我尊重你的立场"，而从未更进一步地表达出自己的观点。请注意，她并没有说："虽然这可能会使你感到惊讶，但我的确尊重你的立场。”上述表达可能会显得有点模糊不清，并且暗示了，她认为他们是不了解情况的。她只是简单地说“我尊重你的立场，但是我也尊重大家的言论自由”或“我尊重你的立场，同时我也很感谢计划生育协会每年都为成千上万的妇女提供免费的癌症筛查服务”。

我感谢仇恨者，是他们让我知道自己已经冒犯到了他们或让他们感受到了沮丧。如果我们只是不断表现出愤怒，那世界内部的分歧只会不断升级，说服这一过程的基础是沟通。如果双方都只是大声叫喊，以致我们无法听到对方的声音，那还如何沟通？

低风险实践

如果你既想要练习该项技巧，又不希望直接与批评者进行互动，那么就花些时间陪伴孩子，尤其是幼龄儿童。通常，在孩子受伤时，成年人会直接对他们说“没事”或“还好”，这时孩子就会更加沮丧。相反，如果你所做的是对他们的话做出反馈或是验证他们的观点，说：“天哪，你怎么了？受伤了吗？看起来还挺疼的。”这时，你就会发现孩子立刻就停止了哭泣。

我们迫切地希望别人可以感受到我们的情绪并听到我们的想法。如果下次你与家人的想法相左或是投票意见不同时，请不要生气，而是发挥自己的好奇心。想象一下，你之所以来到这里，是因为你需要采访你的姑姑，大致了解她的观点。你要做的是理解她这样做的原因，而不是去改变她的想法。

然后，你的工作就完成了。同时，你还要考虑，哪些声音是她有可能听到的。这能够对她的观点做出验证，也能够让你获得新的信息。

高风险实践

最近我们做了一个项目，负责寻找最有可能影响人们对气候变化的看法的语言表达方式。当时这个项目的竞选代理商有好几个，最终我们是唯一当选的那个。“你知道吗？实际上，我们走出去进行对话的对象是气候怀疑论者。”

我们发现，总人口中有30%都是气候怀疑论者，但这其中占比更大的其实是男性、老年人、白人以及富有人群。他们中占比更多的是宗教信奉者，并且他们多居住在农村地区。其中有80%的人认为政府对他们的干预过多。90%的人认为，所有的孩子都应该学习如何尊重权威，而在这方面孩子目前的表现并不尽如人意。

当我们询问他们听到气候变化有什么想法时，他们的回答是物价会因此上涨，监管会更加严格，国家之间的不平等现象会更加严重。

他们希望能够找到切实的证据，证明是人为原因导致了全球气候变暖。

此时，你一定很沮丧吧？大多数人都会这样。但是，我们要明白，之所以这次对话的成效甚微，是因为否认者遭到了轻描淡写的取笑。这就又回到了我们刚才谈的那个原则上。你还记得上一次有人指出了你的错误并成功改变你的想法是什么时候吗？是通过换了个方案吗？不，是通过对话——是在你未做出最终决定时进行的对话。所以，保持住你的好奇心，与人们见面并找到你们之间的共通之处。

在进行焦点小组讨论时，随着与否认者进行的互动越多，我的“超级好奇”团队就愈加感到惊讶：“我的天哪，原来否认者那么在乎这些。”否认者是这样说的：“是的，这个城市可能会发布塑料袋禁令来改善环境，但是你知道政府实际上是怎么做的吗？政府让人推倒整片森林，以使他们可以拥有新的土地。”而支持人为活动造成气候变化观点的人则是这样说的：“上帝希望我们能成为优秀的管家，理智地使用资源。我只是不希望由政府来告诉我们，说我们必须要这样做。”

在对话时，我们发现，否认者的确关心环境，因此提供给他们统计数据，或是告诉他们“你不能忽略这样的事实，今年洪水泛滥了”，都无济于事。相反，我们能做的是通过转移焦点来找到共通之处，进而说服否认者。

我们使用的表达方式应该是与他们的价值观相通的，而非与气候变化活动相关的。我们无须提出新的理由要求他们关注。他们已经有了需要去关注的理由。我们只需为他们鼓掌庆贺、振臂高呼即可。事实上，没有人需要承认自己做了错事。我们只需要告诉人们，他们可以将沟通与支持人为活动会导致气候变化这一观点联系起来，我们就可以真正地重新架构这次对话。

关于如何进行广告宣传活动，我们的想法是：“让我们展现出人们真实的想法吧。”于是,照片上的文字这样写道:“我叫史蒂芬，是个煤三代。我创建了一家公司来帮助煤矿工人学习太阳能电池板的安装及维护技巧。这使得他们可以获取相关技术。就在这里，就在西弗吉尼亚创造出更多的工作岗位。我做的这一切都是为了回报养育我的人们。”

另一个人表示：“我的名字是比尔。我是个猎人，是我们教会里的一个长者，同时我对自己共产党人的身份充满自豪感。我还在运营一个致力于保护科罗拉多河水质量的非营利性组织。这个组织同时还向农民普及保护水质量对于环境的重要影响。我曾在这里捕鱼，但现在捕不到了。我所做的一切都是为了拯救这条见证了我成长的河流。”

“我是萨莉。我的父亲已经在加利福尼亚中部务农 40 多年了。我的丈夫和儿子也曾每日凌晨早起工作。作为农民也作为基督教信徒，我们竭尽全力希望成为我们这片土地上的优秀管家。然而，去年我们一觉睡醒，却发现我们一半的庄稼都毁于一场野火。现在为了我们失去的那片土地，我站在了这里，与你们分享我的故事。”

这场活动的重点并不在于要让拒绝保护环境的人闭嘴，或是像反对你们的事实那般宣扬我们的事实，而在于让人们把精力更多地集中于对话以及精神层面，给予赞成保护环境的保守派展示自我的机会。也许通过与拒绝保护环境的人产生共鸣，我们也可以达成相同的目标。

当批评者采取行动时该如何产生积极共鸣

转基因生物（GMOs）、杀虫剂的过度使用以及奶制品中抗生素的滥用是消费者比较关心的话题。对于这些话题，有些人相对仇恨，有些人心存怀疑。近日的一份研究显示，人们倾向于花费更多金钱购买标有“不含 XX”的产品，但是“XX”有时甚至只是某种杜撰出来的成分。

因此，当有一家生产转基因产品、杀虫剂及保护庄稼的产品的公司找到我们，希望我们帮助他们提升公司信誉时，我们立刻就意识到这绝非易事。到底如何做才能使公众相信，这样一家公司是家好公司呢？这就要从积极共鸣着手。

确切来说，对于这样一家公司，他们的首要问题是，他们生产的农产品与当代人们一直不喜欢的负面活动相关。人们视这家公司为洪水猛兽，认为是其发明并鼓励了当今农业生产中一些最糟糕的做法。对于许多人而言，要理解“这家公司实际上是在帮助农民和农业，尤其是让农业更具可持续发展性”这样一种观点，实在是要求过高了。因此，在交流过程中我们发现，很少有人购买该公司的产品。

我们必须找到这家公司与消费者之间的共同点。我们发现，人们希望对所食用的食物及其来源感到安心，这对他们而言十分重要。因此，我们必须从这方面入手，寻找该公司可以满足消费者这种需求的表述。这听起来似乎是天方夜谭，是吗？完全不是。实际上，这家公司可以运用不同的方式谈论自己所做的工作对于目标受众有何帮助。他们可以谈论自己在植物育种方面的创新之处；可以谈论越来越多的农民利用他们的数据和软件获取了更精确的信息并减少了浪费；可以谈论对大理石的科学使用能够培育出更优质的农作物。他们可以尝试将讨论范围扩大至转基因生物和杀虫剂之外。

我们发现，该公司提供的数字工具能帮助我们转移对话的重点。许多农民热衷于使用该公司开发的软件、智能手机应用程序及其他数字工具以帮助自己做出长期规划。鉴于公司提供的数据涉及面足够广泛，我们可以通过如下方式对产品重新定义：农民如何利用这些工具改进自己的实践，以及该公司怎样真正减少使用消费者希望其减少使用的东西，即土地、水和其他资源。

最后，该公司围绕上述想法开展了一项名为“保护大自然的馈赠，让其回归自己的归属之处：减少水、土地及能源使用”的运动。下面是他们讲述的一个故事：想象一下，如果我们可以种植出治疗类风湿关节炎的植物，种植出可以更有效地将阳光转化为食物的植物，或是那种栽种在城市街道及远足途中并且能在黑暗中发光的植物，那会是怎样的情形。这想法听起来古怪吗？这与莎朗·贝尔贝里希（Sharon Berberich）及山姆·菲奥雷洛（Sam Fiorello）的经历不同。这两个人几乎将自己所有的时间都花在了幻想植物和农业的未来上。而这家公司谈论的是未来技术如何帮助减少农业用水、土地及能源的使用。如果无法产生积极的共鸣，这项运动就绝无实现的可能。如果没有产生积极共鸣，他们就不能向人们证明自己是一家伟大的公司。

充分准备

当我们说“不要害怕与批评者交流”时，最重要的是，你要知道，这并不意味着批评者会缄口不言。你必须做好应对极端反应的准备。如果你开启了话题，那么接下来会发生些什么呢？如果人们攻击你或是对你施以言语暴力怎么办？如果人们号召他人抵制你们的产品怎么办？美国克里格绿山咖啡公司（Keuring）从《肖恩·汉尼提秀》（*The Sean Hannity Show*）撤下自己公司的广告时，人们纷纷放下了手边的克里格绿山咖啡，但你猜怎么着？克里格公司经受住了考验，没有被击倒，市场份额依旧保持之前的强劲势头。

某家电信公司因电话经常掉线且信号很差而广为人知。为了重塑声誉，我们最近为其制定了一项社交策略。由于该公司认为在他们提供的宽带服务上出现了许多网上欺凌事件，因此他们希望将杜绝网上欺凌作为自己的立足点。这是具有全局观并具有切实意义的。但是他们也明白，自己同时会被网上欺凌这个巨魔死死盯上。因为这就是我们现在生活的世界，于是我们做好了充足的准备。当巨魔发出诸如“你知道恶霸是谁吗？就是你们的账务部门！”这类推文攻击人们时，我们会回以上百条早已准备好的有趣帖子并将巨魔的帖子链接发送给网上欺凌咨询部门，这样巨魔就能很快安定下来了。

作为美国第三大受欢迎的快餐连锁店，福来鸡（Chick-fil-A）公开宣布了自己对于同性婚姻的立场，这是很冒险的，但是他们为此做好了万全的准备。他们在商店里张贴标语来表明他们是一家基督教公司。他们告诉员工他们对此的预期以及他们对外该如何表述。他们让首席执行官宣布了公司的立场，并表示："我们不会对任何人做出评判。我们表达的只是我们自己的观点。"

如果你知道批评者即将到来，并且你已经准备了正确的方法应对，那他们的言论实际上只会帮助你向前一步，而不会打败你。正确的方法就是了解批评者的意图并且以非防御性的姿态处理问题。站在批评者的角度，尝试思考为攻击你他可能采取的最恶劣的手段，然后列出你可能会受到的所有批评。其针对的对象是你个人，还是整家公司？如果是公司，那么就需要让公司里的所有员工都做好准备。你使用社交媒体账号吗？当批评者攻击你时，你想好了回应的策略吗？你正在接受媒体采访吗？你知道你需要回答媒体的哪些问题吗？你打算如何回答这些问题呢？

这其中最重要的是，要时刻提醒自己你的目标是什么、你曾说过要做的事情是什么、你已经完成了什么事情，以及迄今为止你取得了哪些进步。也就是说，"我们期待动荡的时代，我们能理解自己受到的诸多批评，但是我们也正在努力前行"。

我们要以直截了当的方式稳步向前，而非以锐利好斗的方式强硬直行。

倾听批评者的声音

此前我们关注的一直是批评者的想法，但有时我们也需要接受批评者的某些观点，并且你需要做出决定如何应对。有的时候可以根据批评者的立场改变自己的立场，但那并不代表你失败了。

多年来，奥巴马一直表示，有关同性婚姻问题，他的立场是“发展着的”。他表示，他已经会见批评者并倾听了他们的意见，这些批评者的意见也的确帮助他改变了自己的想法。2015年，星巴克曾试图发起一项名为“各种族不分你我”（Race Together）的运动。对于那些消费得起星巴克咖啡的白人白领消费者而言，从有色人种咖啡师手中拿到咖啡会让他们感到不适，显而易见，那些咖啡师也不愿意在制作咖啡时谈论种族问题。出于这个原因，这项运动不了了之。可见，并非所有出自善意的倡议最终都能获得成功。

2018年2月，慧俪轻体（Weight Watchers）减重咨询机构宣布，将在夏季为青少年提供免费的会员资格，而这遭到各饮食失调团体的强烈反对，因此他们取缔了该项目。这样一项计划也许是出自善意，但有些人认为这是在“引诱”青少年参与一个在财务模式上屡屡犯错的项目。孰是孰非？这样的促销相比利他，实际上更利己。

争议中的积极共鸣会让人不适，但也是存在的

我对客户说，如果在见面期间我没有做到让他们感到不适，那我就没有完成我的工作。大多数情况下，人们认为共鸣是被动的、自然而然产生的，并且发生于我们及我们所关心的人之间。而我竭力希望你做到的是走出自己的舒适区，并且要和与你意见不同甚至会激怒你的人产生积极共鸣。积极共鸣意味着你需要采取一些措施去理解不同的观点。积极共鸣这种说服策略要求你主动将自己置身于他人的立场思考问题。这会成为强有力的工具，在你与别人侃侃而谈以及参与一场意在改变想法的对话时，你就能看出差别。这一策略并不适用于胆怯之人。它需要你致力其中。我向你保证，如果你这样做了，必定会得到回报。

3 联系

第五章　三大观点

脆弱的地基上造不出伟岸的大楼。

——戈登 · B. 辛克力（Gordon B.Hinkley）

在说服过程中，有时你会遇到挑战，这无可避免。如果在解释立场时，你得到的只有消极的反应或是反驳，这时你也许会变得情绪化或是被转移了话题。说服过程中的下一步，就是要用一种方法建立你自己的立论基础，无论什么不利因素都无法动摇的基础。最后，你就可以得出能让自己重复的观点，重复到人们记住了你以及你的立场为止。

这一过程中与直觉相违背的部分，建立在书中第二部分内容的基础上。相比以你自己、你的心愿，关于产品的想法、计划或提案为基础，你更要以受众为基础，构建自己的地基。这一地基的前提是具有共情心，这样才能与受众产生共鸣并最终说服他们。

主导叙事

事实上，那些最重大的决定，都是你不在现场时被做出的。当客户最终决定要将哪些产品放入购物车、雇佣谁作为新员工、是否查看你发出的电子邮件，或在投票厅中投票时圈出哪个名字，这些时候你都不会在现场。这就是你必须要有强大的主导叙事的原因。主导叙事讲的就是当你不在现场时，你希望他人谈论你或与你相关的内容。

主导叙事传达的信息是独独关于你的，对你做出了定义并标明了你的独特之处。这一信息明确精准，在有关你的所有交流中都有体现。其展现形式与使用话语多样，但总体精神相同。一旦你发现了它，它就会成为你的北极星，成为一切事情需要遵循的标准。

耐克（Nike）的品牌标语“只管去做”就是他们主导叙事的一种表达，即表现出人们内心深处的那个运动健儿。美国通用电气公司（GE）的标语“我们为生活带来美好”这一主导叙事，表达的则是他们多样化的产品会使每个人的生活都变得美好。盛美家（Smucker's）的标语“挑剔的妈妈也会选择 Jif 花生酱”，则表达出他们的高质量产品与其中的优质原料都是服务于那些辨识能力精准的消费者的。罗纳德·里根（Ronald Reagan）的选举口号“黎明降临美利坚”体现出的是其要重塑美国价值观与承诺的主导叙事。上述标语仅是历史上一些强有力的主导叙事的案例，而主导叙事远不止是一个口号或是一场运动。它表达的是年复一年，有时甚至是十几年以来，某个品牌或政党做出的每一个决策。要注意的是，这些主导叙事的说服目标都是要让听众对叙述人感觉良好。听众会想的是——“我不仅仅是在购买运动鞋，我还是个运动者”“我不仅仅购买了一个灯泡，我这是在支持进步”“我是一个有眼光的母亲，为我的家庭成员尽了最大努力”，以及“我支持的是要为挚爱的国家揭开崭新的明天的人”。这就是为何共情在这一过程中至关重要。只有真正理解了听众期望获得的感受，你才能构建属于他们的主导叙事。

在本章，我们将集中关注如何发现及构建你的说服计划中的三大观点这一问题。这三大观点中的每一个都需要有证据或事实加以佐证。下面是我们与客户在这一过程中使用的可视化模板：

主导叙事

观点一	观点二	观点三
证据 1	证据 1	证据 1
证据 2	证据 2	证据 2
证据 3	证据 3	证据 3

找到了三大观点中的九个依据后，在下一章中，我将会给出几个主导叙事的案例，成功案例与失败案例兼而有之。最后，我们会通过五个步骤确定你的主导叙事。在本书的末尾附有一个“说服计划工作指南”，你可以在需要时翻阅，先了解如何实施这些步骤，在准备好观点与证据后再填写相关内容。

但在这里，我首先要解释的是，什么是观点和依据，什么不是。

三大观点

这三大观点就是支持你主导叙事的三个主题。实际上，你一直都有听到其他品牌的观点和理念，只是没有意识到。比如，你为什么选择富达投资集团（Fidelity）？因为“绩效、专业及多样性”。谷歌呢？因为“我们的公司、我们的承诺和我们的产品”。CVS药品零售店呢？因为“成本、质量和渠道”。品牌标语或主导叙事中用的三个词，就是主导叙事三大观点的落脚点，所有公司都有这三大观点。你之所以不知道，是因为有些公司把三大观点放在公司的网站上，而没有在广告中使用。美国本杰瑞冰激凌公司（Ben & Jerry's）的三大观点是“美味的冰激凌、正当的商业活动及环境管理”；巴塔哥尼亚户外装备公司（Patagonia）的则是“创建最佳品牌、不造成任何伤害及通过业务启发解决环境危机的办法”。

所谓的观点就是表达出你有传达自己主导叙事的能力。让我们回到第二章中说的那个案例。我希望能得到公司的认可，同意我就是那份工作的合适人选，但是如果我无法列出三个对于雇主来说至关重要的理由，来说明我就是合适人选，那么“李就是这份工作的最佳人选”这样的叙述就成了一派虚言。对我来说，我的三大观点是“好奇、进取、善辩”。这是我可以服务于雇主的三大品质，而我会帮助你找到可以支撑你主导叙事的三大观点。

依据

对于依据以及依据在说服过程中所起到的作用，人们总是含糊不清，原因在于人们对于依据、叙述和故事三者实际上困惑不已。想要具有说服力就必须要有这三个要素，仅靠其中一个是无法完成三者的工作的。我常常会听到有人用依据去代替而非支持主导叙事或是观点。事实是用来支持三大观点的；事实无法代替三大观点。比如在上一章中，我提到有一万名穆斯林在美军中服役。这不是故事或主导叙事，而只是一个事实、一个依据。要记住这是依据，因此仅靠它无法让人们的想法动摇一丝一毫。

曾有数百次，客户找到我们表示："如果人们了解了这些事实，我们的情况就会好转的。"而正如我们在引言中所说，品牌和人们在进行说服时往往都会单单依赖事实："20 世纪，全球平均气温上升了 0.7 摄氏度。""女性平均一生在生理用品上的花费超过 2000 美元。""我们是首家进口伏特加酒的公司。"然而如果没有故事而只是叙述事实，就很难具有说服力，在当今社会尤其如此。

找到属于你的三大观点后，下一步的目标就是要寻找事实支撑。这样，当你进入了卓有成效的（或是热火朝天的）讨论中，就能拥有支撑自己主张的依据。但是，仅凭事实是无法帮助你与说服对象建立必要的情感联系的。

制药业：共鸣观点构建的案例分析

为了找到指导你主导叙事的三大观点，我们要列出三份关键的清单，其中会包含你需要进行说服的所有内容。下面，我要介绍一个客户案例来帮助你从头至尾浏览整个过程，然后我们再从头开始详细讲解各个步骤。所以，在该案例中，你无须太过纠结该如何进展这个问题。下面我们就开始了。

由于整个制药行业都处于一场危机之中，有一家大型制药公司雇用了我们，我们就称其为P制药保健公司吧。在有关《平价医疗法案》(Affordable Care Act)的讨论中，制药公司被描述为恶棍。他们制定了高昂的医药价格欺骗消费者、保险公司和政府。其中的叙述为“制药保健公司的贪婪已经危及了老年人及癌症患者的生命”。当然，就行业内部而言，P制药保健公司对自己的看法并非如此。他们认为自己是提出解决措施的人，是消灭疾病的领头人。因此，P制药保健公司希望我们向人们解释：“看，在这个问题上我们可不是坏人。”然而，在合作过程中我们发现，很明显该公司只看到了自己的诉求，却没有看到消费者的诉求。

就像我们的众多客户一样，这家公司找到我们，坚信只要告诉了世人事实，就能够得到所有人的理解。制定价格的是保险公司，该公司对此也十分沮丧并因此遭到了责备。P制药保健公司以为，如果消费者明白，一种药物在推向市场之前要花费数年时间及数百万美元的研制成本，并且药物的研制往往都是伴随着无数次的失败的，那么消费者就会相信他们是无辜的。但问题是，虽然他们可以将这些说给消费者听，却无法阻止消费者有其他不同的看法。因为这些话语都未以三大观点为基础，即没有考虑到受众的需求、当前人们的观念以及听取和考虑人们想法过程中会遇到的障碍。

该公司需要了解消费者和患者对于药品的观念，包括他们所有的看法以及所有应该被考虑到的信息。因此，我们列出了阻碍消费者喜欢及相信该公司的理由。简单来说，我们列出了有关该公司的所有负面信息。障碍如下：

1. 人们认为制药公司都是贪婪无度的。

2. 人们认为制药公司的人的工作就是生产药品以及向医生营销或在电视上推销药品。

3. 人们并不知道这些公司实际上还有研发药物以治愈疾病的科学家们。他们认为药品研发工作是由医院和大学承担的。

4. 人们都看到了辉瑞公司 EpiPen 肾上腺素笔的价格哄抬以及药业大亨马丁·什克雷利（Martin Shkreli）在经营图灵制药公司（Turning Pharmaceuticals）时将达拉匹林（Daraprim）的药价提高超过 50 倍的丑闻报道，而这些故事最终成了该行业的象征符号。

接下来我们要练习的是如何让消费者产生积极共鸣以吸引消费者，大体上，我们需要了解消费者对于医疗保健和制药公司的需求。因此，我们列出了第二份清单。即谈及医疗保健和药物时，消费者最关心什么？

1. 该药物是安全的。

2. 该药物是有效的。

3. 患者获取药物的渠道简单且长期稳定。

4. 患者负担得起药价。

5. 新药物所解决的是当前尚未得到解决的问题。

最后，我们需要了解的是这家制药公司做的所有好事。因此，我们还列出了第三份清单，即在消费者的所有需求中，P 制药保健公司可以提供的有哪些?

1. 该公司为无法负担治疗费用的患者提供了特别折扣。

2. 该公司可以提供数据，证明自己研发的药物的有效性。

3. 该公司可以提供数据，证明自己研发的药物的安全性。

4. 该公司有一份清单，其中列举了其参与治疗的所有疾病及尚在研究中的更多治疗方案。

5. 该公司的创新工作正在帮助确定更精准的药品剂量和更好的服用方法，还能帮助找到更有效的方法提醒人们服用药物。这样，公司自身也能提高工作效率。

现在我们制定出了三份清单，包括干扰因素（或者说负面信息）、消费者的需求以及 P 制药保健公司可以提供的服务，来消除障碍并满足消费者的需求。

P 制药保健公司的列表

干扰因素	消费者的需求	P 制药保健公司可以提供的服务
医药公司的贪婪	治疗方案	创新工作
药品的昂贵	健康	治疗方案
药价的哄抬	负担得起的医疗费用	疫苗
医药公司无法信赖	渠道	更精准的药品剂量
有黑心医药公司	简单的操作	

完成了这三份清单后，我们就要开始寻找我们的观点了。下面的步骤就是创建观点清单。这份清单描述的是我们所有能想到的有关该公司实力与产品质量的依据，来为该公司辩护。

1. 该公司拥有可治疗超过 25 种不同类型癌症的药物。

2. 该公司设置了奖励项目、优惠券项目以及折扣计划。

3. 该公司有针对低收入家庭的援助项目。

4. 该公司在这几年内推出了疗效较好的抗癌药物。

5. 该公司专注于研究一些最棘手的疾病，包括癌症、丙型肝炎、心血管代谢疾病、耐抗生素感染病和阿尔茨海默病。

6. 该公司坚守在抗击新型全球性流行病的一线。

7. 该公司研制出了针对危及生命的疾病的疫苗。

8. 该公司为一些发展中国家提供免费药物。

9. 该公司拥有两种治疗阿尔茨海默病的办法。

10. 该公司有医治 2 型糖尿病的新疗法，可以减少患者的药物使用剂量。

11. 该公司为美国创造了近75000个工作岗位。

12. 对于诸如晚期实体瘤、艾滋病、卵巢癌和前列腺癌等威胁人们生命的疾病，该公司都进行了相关药物临床试验。

13. 该公司全年收入额超过400亿美元。

14. 该公司每年花费超过65亿元进行药物研发。

15. 该公司当年销售额增长了10%。

完成该份清单后，下一步的工作是仔细研读并删除其中所有会增强受众脑中负面观念的项目。举例来说，比如干扰因素包括消费者认为公司很贪婪，那么所有与财务上取得的成功及与市场份额相关的数据都应删除。

1. 该公司拥有可治疗超过25种不同类型癌症的药物。

2. 该公司设置了奖励项目、优惠券项目以及折扣计划。

3. 该公司有针对低收入家庭的援助项目。

4. 该公司在这几年内推出了疗效较好的抗癌药物。

5. 该公司专注于研究一些最棘手的疾病，包括癌症、丙型肝炎、心血管代谢疾病、耐抗生素感染病和阿尔茨海默病。

6. 该公司坚守在抗击新型全球性流行病的一线。

7. 该公司研制出了针对危及生命的疾病的疫苗。

8. 该公司为一些发展中国家提供免费药物。

9. 该公司拥有两种治疗阿尔茨海默病的办法。

10. 该公司有医治 2 型糖尿病的新疗法，可以减少患者的药物使用剂量。

~~11. 该公司为美国创造了近 75000 个工作岗位。~~

12. 对于诸如晚期实体瘤、艾滋病、卵巢癌和前列腺癌等威胁人们生命的疾病，该公司都进行了相关药物临床试验。

~~13. 该公司全年收入额超过 400 亿美元。~~

~~14. 该公司每年花费超过 65 亿元进行药物研发。~~

~~15. 该公司当年销售额增长了 10%。~~

然后，在第三步中，我们要将所有受众认为重要的依据做突出显示。

1. 该公司拥有可治疗超过 25 种不同类型癌症的药物。

2. 该公司设置了奖励项目、优惠券项目以及折扣计划。

3. 该公司有针对低收入家庭的援助项目。

4. 该公司在这几年内推出了疗效较好的抗癌药物。

5. 该公司专注于研究一些最棘手的疾病，包括：癌症、丙型肝炎、心血管代谢疾病、耐抗生素感染病和阿尔茨海默病。

6. 该公司坚守在抗击新型全球性流行病的一线。

7. 该公司研制出了针对危及生命的疾病的疫苗。

8. 该公司为一些发展中国家提供免费药物。

9. 该公司拥有两种治疗阿尔茨海默病的办法。

10. 该公司有医治 2 型糖尿病的新疗法，可以减少患者的药物使用。

~~11. 该公司为美国创造了近 75000 个工作岗位~~。

12. 对于诸如晚期实体瘤、艾滋病、卵巢癌和前列腺癌等威胁人们生命的疾病，该公司都进行了相关药物临床试验。

~~13. 该公司全年收入额超过 400 亿美元~~。

~~14. 该公司每年花费超过 65 亿元进行药物研发~~。

~~15. 该公司当年销售额增长了 10%~~。

第四步，我们要将做突出显示的项目分成三类，所分类别即为我们的观点。

对于 P 制药保健公司而言，这里出现的观点一就是渠道。在需要时买得起药是受众的核心需求。因此，要想重获信任，P 制药保健公司首先需要证明自己能够帮助受众获取药物。

P 制药保健公司的主导叙事

观点一： 渠道	观点二	观点三
依据 1: 返利和优惠券	依据 1:	依据 1:
依据 2: 对低收入家庭提供的援助	依据 2:	依据 2:
依据 3: 全球慈善	依据 3:	依据 3:

观点二是康复。该公司每年投入数十亿美元用以寻找方法治愈患者的疾病。公司每天都在做的事就是试图挽救消费者的生命，这是该公司必须要做出说明的，让患者认同该公司是康

复的代名词。

P 制药保健公司的主导叙事

观点一： 渠道	观点二： 康复	观点三
依据 1: 返利和优惠券	依据 1: 癌症药物	依据 1:
依据 2: 对低收入家庭提供的援助	依据 2: 疫苗	依据 2:
依据 3: 全球慈善	依据 3: 在糖尿病治疗上取得的突破	依据 3:

观点三是创新。P 制药保健公司在研制诸如阿尔茨海默病、晚期实体瘤、艾滋病、卵巢癌、前列腺癌和丙型肝炎等疾病的药物方面进行了临床试验。

P 制药保健公司的主导叙事

观点一： 渠道	观点二： 康复	观点三： 创新
依据 1: 返利和优惠券	依据 1: 癌症药物	依据 1: 重大疾病的药物临床试验
依据 2: 对低收入家庭提供的援助	依据 2: 疫苗	依据 2: 慢性疾病的药物临床试验
依据 3: 全球慈善	依据 3: 在糖尿病治疗上取得的突破	依据 3: 疫苗研发

找到这三个观点并就每个观点给出自己的依据后，我们就可

以将之用于我们的主导叙事。在下一章中我们会进一步介绍。如果我们没有列出这些清单，我们就无法从消费者的角度重新审视公司，也就永远无法找到 P 制药保健公司的三大观点。

现在，我们将详细介绍上述的清单。

清单 1 的准备工作：在说服过程中有什么干扰受众的因素

上述的三份清单展示的信息是你构建观点以及主导叙事的来源。你要弄清楚的，是自己以及受众在这三个组成部分中的共通之处，这对于构建助你成功的信息来说至关重要。

有关干扰因素的第一份清单很大程度上是以序言所述的步骤一、步骤二中讲的技能为基础的——也就是说这是一种脆弱且真实的行为，但同时这也是一种共鸣。你需要站在受众的角度，细细审视自己。这个过程可能会让你感到不适，但最终会帮助你成功说服那些对象。

存在的干扰因素可能还包括，目标受众不曾听说你们公司以及并不喜欢他们当前正在使用的产品。干扰因素并不一定是对公司的负面看法，但是，你需要站在目标受众的角度，列出你与他们之间可能存在的障碍。以下是一些例子：

1. 他们认为我们公司将药品价格定得过高。
2. 他们不知道我们公司的立场。
3. 我们公司离他们较远。

4. 药品的运输是由我们公司自己负责的。

5. 他们不赞同我们的对外政策。

6. 他们认为我们的药品比他们当前所用的药品的价格更高。

7. 他们认为换用我们的产品非常麻烦且难以应对。

在上一章讨论的美国穆斯林案例中，我们要求不要评判仇恨者，而是对他们面临的障碍进行分类。很多时候，这并不简单，尤其是在遇到上述这种极易引起人们情感波动的问题时。简而言之，通过采访，我们发现在说服过程中存在的障碍是：

1. 他们从未见过穆斯林。

2. 他们不知道穆斯林信仰的真实信条。

3. 他们感到恐惧。

说服对方的障碍是什么？如果你想要成为全国家长教师协会（PTA）的主席，你就要思考有什么因素会阻碍人们投票给你。没有足够多的父母知道你？会有一些人因为不了解你的竞选筹款方式而感到紧张不安？他们倾向于支持非全职工作的父母竞选主席？他们是否从未选举男性担任该协会主席？

如果你想要鼓励你所在的州的立法机关投票赞成枪械管制，那你就要去了解是什么阻碍了他们畅所欲言地支持枪械管制。这个障碍可能是因为他们成长于拥有枪支的家庭，因此认为拥有枪支是家庭固有的传统。可能是因为他们认为枪械管制就如同一条滑向深渊的道路，会使得情况愈加糟糕。如果剥夺了他们的这项权利，又怎么可能得到他们的支持呢？也存在可能，是因为他们不希望被政府告知应该怎样做，这也会成为障碍。

你必须要理解的是，如果你希望这份清单能够发挥作用帮助到你，你必须知道他们的问题是什么，而不是知道你自己面对的问题是什么。成功的说服的前提是要站在他人的角度看待问题。

几年前，曾有一家名为 AutoCo 的外国汽车公司聘用了我们，原因是他们市场安全方面的声誉受到了损害。经过焦点小组深入的讨论之后，我们对 AutoCo 汽车公司进行了调查并列出了该公司所有与消费者相关的问题，包括：一、人们不再相信该公司汽车的安全性；二、消费者认为该公司并非品牌背后的真正运营者；三、人们认为购买 AutoCo 汽车公司的汽车就意味着放弃舒适感及时尚感；四、人们希望支持美国国产汽车。

但奇怪的是，我们列出了四大主要问题，而 AutoCo 汽车公司唯一积极尝试解决的只有第四个问题。他们正在努力成为美国国有汽车品牌。公司的每个展销厅中都陈列出了员工分布地图，表明该公司在美国拥有的员工数。他们还谈到了相比其他汽车类型，时下流行的中型汽车用的美国产零件数更多。该公司说的都不错，但受众无法相信他们话语的真实性，因而第四个问题也无法得到解决。列举出公司的所有真正优势后，我们对该公司说："你们是永远都无法成为一家美国公司的，因此那并不是你们要讲述的故事。"因此，这不会成为该公司的三大观点之一。

该公司十分关心自身，同时也希望我们能够真正了解他们及他们的组织，于是该公司邀请我们参观了公司的工厂，并安排我们与其工程团队会面。显而易见，在公司内部，员工也困惑不已，他们深知自己十分擅长所做的事情。在会见中，员工们不断地询问我们："人们难道不知道我们公司在 QDR（质量、可依赖性、可靠性）排行榜中排名第一吗？"在那一刻我们才意识到，该公司并未看到且真正理解受众与该品牌之间存在的问题。他们只是在自己的世界里制造着这些汽车。

这就是与听众接触并倾听他们的问题如此重要的原因。如果没有这一步，那就跟总统竞选时竞选人只是游走奔告"给我投票，我很棒"没什么区别了。

清单 2 的准备工作：对你的受众来说重要的是什么

我们要看到客户经常犯错的地方在哪里，这是很关键的。客户总是十分关注如何才能够让消费者看到自己、自己在消费者心中的形象以及希望在市场上占据的地位，却并不关注目标受众的需求。政客们也是如此，他们在叙述中关注的是自己而非选民——"我是家庭候选人""我是价值观候选人"。希拉里·克林顿（Hillary Clinton）的竞选宣言是"我与她一起"。在许多选民听来，这句话的意思为"给我投票，因为是时候该让女性任职这个岗位了"，而有些人则认为这句话应该这样解读："我希望能够创造历史。"然而对于人们能够从她的当选中获得什么直接的益处，希拉里从未做出解释。如果候选人没有以简洁有力的主导叙事告诉选民，自己当选后他们可以获得什么利益，那么无论候选人是男是女，他或她或许都无法引起选民的共鸣。

这里有一个例子，就是关于想法的转变。让我们来假想一种情况：我工作太累了，因此希望老板能够再雇一个人帮我。我可以这样跟老板说："我已经劳累过度了，需要帮助。"但是，这句话关注的仅仅是我自己以及我自己的需求。老板听后可能会回答："你是没有好好完成自己的工作吗？"这可能会引起争议。所以我应该放慢脚步然后问问自己："怎样才能让老板和公司获益呢？用怎样的方式才能让别人知道我是在考虑了他们需求的基础上提出请求的呢？"我深陷于庞大的文书工作之中，以致我没有时间为客户提供服务，而如果我无法为客户提供服务，就会置公司于危机之中。这很有可能就是老板最大的担忧，即担心公司的健康运营。现在我正在考虑的是该如何通过我的说服来满足他的需求，而不是他如何能满足我的需求。所以我可以这样说："我真的希望能有其他人加入进来，这会让公司更高效、多产且盈利更多。"上述论点的基础是要让老板获取更多的利润，这样他才更有可能同意我的建议。

而这就是共鸣要回溯到的地方。共鸣要体现出的并不是在你的价值观之下认为重要的东西，而是在受众的价值观之下重要的东西。比如，就气候变化而言，我们的受众重视的是环境，但他们同时也认为不受政府干预、有自主权是很重要的。我们将此与基于价值观所产生的共鸣联系起来，就会知道需要解决的问题是"自由/压迫"，而非"关心/伤害"。因此，要想让我们做的事情有效果，我们的论点就必须以这些观点为基础，也就是要支持这些价值观。

AutoCo 汽车公司邀请我们与一些设计他们的家用汽车的工程师见面。其中一位工程师告诉我们，在进行二次设计时，他先用了两年时间开车往来于全国各地，观察父母们是如何用车的，并试图了解他们的设计针对的受众的需求。他们深入了解了父母在接送孩子上下学、停车、去运动以及参加野餐会时会怎样使用汽车。工程师们在这过程中观察、细致审视并全程关注。他们注意到，当父母和孩子坐在第二排时，孩子的背包经常会放在父母脚边。父母和孩子都习惯于此。因为这样孩子可以随时拿到自己需要的东西，而父母也无须分散注意力。但是，所有参与了试驾的人在落座汽车第三排的时候都会发出惊叹：“哇，这么大的空间可以伸腿！”而他们的脚边也没有一个很大的背包需要放置。

于是，AutoCo 汽车公司决心要成为首个设计可调后座的汽车制造商。在这样的车中，第三排的人有足够的空间可以将腿伸展开来，如果第三排没有人落座，就可以将座椅折叠起来，调大第二排座位的空间，让孩子的腿部有更大的伸展空间。

然后，就在我们站在那里交谈的时候，有个给工程团队做通讯工作的女人跳了出来，说道：“哦，你们觉得这样很有趣吗？前几天我来上班，把墨镜拿下来的时候，我就告诉过你们‘墨镜架没法放墨镜让我感到十分困扰’。”

工程师们感到十分惊讶。他们对我说，“我们做过测试。设计这辆车的时候，我们购买了市面上所有的墨镜，都试过了！”

于是，这位女士把墨镜拿到车上，告诉工程师们墨镜的款式已经发生了变化，旧款墨镜架不适用于新墨镜。她接着说："顺便说一句，我很讨厌那种专为男性设计的汽车。要是你能找个地方放下我的钱包，我会很开心的。"听完，工程师们又一次受到了启示。于是,在接下来的一版汽车的设计中,墨镜架的空间变大了,也有了放钱包的位置。

然后，另一位设计师告诉我们说："你知道吗？是我们公司第一个发明了汽车上的杯托。我们的工程师走访了 AutoCo 汽车公司全国的各个销售点，购买并测试了所有大小型号的杯子，以保证汽车上的杯托可以放下所有尺寸的杯子。"

当我们列出了该公司消费者重视的东西后，我们发现，很明显 AutoCo 汽车公司是非常重视消费者需求的。这很可能就会成为他们主导叙事的观点之一，是能够说服消费者再次信任 AutoCo 汽车公司的观点。

清单 3 的准备工作：你真正能做到的是什么

我们都曾看到过这样的品牌：他们告诉我们的只是他们能做到些什么，对于消费者的实际需求却不置一言。政治家是这样的，地方官员也不例外。最近，一名市长候选人在竞选时提出，要把我一个朋友所在地的海滨地区改造成餐饮娱乐中心，但是那个镇子正面临着一个有关鸦片类药物的紧迫问题，因此没有人关心海滨地区的改造问题。最后，那名候选人输了，而我的朋友作为他的候选同伴，也音讯全无。想想看，其实改造海滨地区就如同要给别人一个他并不想要的礼物，我们都有过这样的经历。在那样的情况下，你不仅会感到失望，而且还会感到很受伤。因为你觉得自己的需求没有被他人看见。

接下来，我们的任务是要回看前两份清单然后询问自己：我们真正且能持久为受众解决什么问题？列出两份清单，一份是你的目标受众的问题，另一份是对于他们来说重要的事情，然后将之与你擅长的地方对应起来。

不要做让受众觉得你没有从他们角度出发思考问题的事情。如果说你能做到的事情与两份清单中所列出的所有内容都不相符，那你就不具有说服力了。

在 AutoCo 汽车公司这个案例中，实际上他们做得最好的地方就是安全性。该公司擅长基于用户的需求进行设计，并且雇佣的工程师在设计中会考虑到所有细节问题，所以对于消费者的需求，该公司都可以满足。但是 AutoCo 汽车公司讲述的却不是这个故事。在汽车行业中，我们总是会这么说：如果你不讲述自己的故事，那么会有其他人讲的。而这也正是 AutoCo 汽车公司需要重点讲述出来的内容，因为该公司所生产的汽车的品质能够满足消费者的需求并且也符合消费者的价值观。

建立观点的五大步骤

利用你在列出上述三份清单中习得的洞察力，就能快速且高效地完成这部分工作。

第一步：列出能够向你的受众论证自己观点的所有方法。想象一下，你想要说服的人就坐在你的对面，你需要罗列出所有能够说服他们的理由和内容。你的案例中的每个论点可能会有20、30甚至50多个论据予以佐证。那么就这种药物而言，你能说些什么？对于这家公司你能说些什么？你能够提出哪些论点来反对监管？列出所有的方法，无论你所想到的点是多么微小或者有些不切题，你都可以思考并提出来。你想要提出更宏大的叙事，而微小的细节最终可能会成为这个更为宏大的整体中的一部分，就比如AutoCo汽车公司的杯托案例。

第二步：删除所有会强化受众障碍的论点或证据。我们在第二章讨论的银行案例中，银行试图从金融危机中恢复活力，于是我们就要删除“当时旗下子公司并未产生不良贷款”的论述。虽然这是事实，但这会引起人们的怀疑：为什么他们要收购一家有不良风气的银行呢？他们打算如何从中获利呢？这样的论述是无法获得人们的信任的。

第三步：标注出所有与自身目标相一致的依据。既然你已经列出了受众的价值观并且已经认真考虑了他们对你以及你列出的问题的看法，那么对你来说，就很容易知道哪些价值观可以引起他们的共鸣。

第四步：将这些依据进行分组，得到三个具体的分类，然后观察各分类具备的特征。你需要找出三个主要分类。每一个分类都会成为论点的潜在“框架”，也就是你的主导叙事中更为宏大的主题。要注意的是，并不是每一条依据都刚好可以契合其中一个论点的；在这一阶段，其中一些依据是需要删除的。

在为 AutoCo 汽车公司构建观点的过程中，我们查看了清单中一切我们能够告知消费者的信息，包括质量、可依赖性和可靠性，并对于这些事实和故事所属的类别也做出了界定。这些内容是我们真正可以告诉消费者的。借助这些信息，公司也许可以说服消费者，汽车仍然是安全的。

1. AutoCo 汽车公司的工程师团队里都是实实在在的人。他们自己也都会驾驶公司生产的这些汽车，并且十分重视驾驶者的用户体验。

2. AutoCo 汽车公司对创新和设计细节的追求达到了令人难以置信的高度。

3. AutoCo 汽车公司的公司文化是以知识分享回馈客户。

第五步：润色表述内容，使其中的要素更为鲜明。AutoCo 汽车公司的三大观点是：安全（公司在该方面所做的一切工作都是为了让公司现在能生产出更好的汽车）、创新（公司在该方面所做的一切工作都是为了未来能生产出更好的汽车）、社区服务（公司在该方面所做的一切工作都是为了巩固其与消费者及社区间的持续性业务关系）。这三者也就是公司的现在、未来以及共同走下去的伙伴。

虽然列出的内容都是事实，但是有些并不能满足消费者的核心需求，因此我们在细看第三份清单时，倾向于划掉其中与盈利和环保相关的条目。

以依据支撑观点

AutoCo 汽车公司的三大观点“安全、创新以及社区服务”的依据是什么？就安全这一点来说，AutoCo 汽车公司过去 20 年中所生产的 90% 的车辆仍在上路行驶中；创新方面，我们可以告诉消费者，工程师们在着笔图纸设计前的平均准备时间为两年；而在社区服务方面，公司每年会为 40 个非营利机构及风险管理组织输送工程师，帮助机构和组织提高服务能力。

如果你无法提供至少三个事实用以支撑观点并填充表格，那么很可能你现在的前进方向就是错误的。一切都会是一纸虚言。那样的话，我们就要重新回到列表内容的准备工作上来，挑选出一个新的观点。

策划及压力测试

我们之所以将每个观点下的依据精简为三个最有力的，而没有列出十个或二十个依据，是因为我们明白，在说服他人的过程中，信息的数量并不一定就等同于说服效力。大量的信息只会侵袭并压垮你的受众。

希拉里·克林顿在其网站上刊登了“137 个投票支持希拉里的理由”来支撑她的观点。然而对于她的支持者而言，信息量实在太过庞大。人们无法记住这些内容，因此也不利于宣传。如果人们获得的信息量过大，无法轻松记住的话，他们就会感到困惑。

研究表明，我们会避免接触那些让我们感到困惑的事情。许多金融服务公司当下都在犯着这样的错误。浏览他们的网站时你会发现，根本不可能从中弄清他们的立场，以及你为什么要和他们一起投资的理由。网站菜单中有 87 个选项，你根本找不到自己想要的信息。相比之下，仅列出少数几个依据，就会让人难以忘记，而这就是我们要达成的目标。如果你的受众能够记住你的依据并能够告诉他人，那么你就可以赢得胜利。

对于那些支持了大量慈善活动的公司来说，通常我们会发现他们做不到减少支持观点的依据数量。他们给出的依据通常遍布整张示意图，因而并非总能有力地支撑他们的“社区投资”这一观点，而社区投资对于受众的重要性不言而喻。举例来说，麦当劳（McDonald’s）希望能够消除媒体报道的其食物有害消费者的身体健康所产生的负面影响，于是他们在自己的网站上大力宣传麦当劳儿童之家（Ronald McDonald House）、健康菜单和他们在市中心区的投资。但是他们的精力被分散在了多个方面，努力就会毫无意义。

在说服过程中，如果你连环炮似的给受众提供了过多的信息，就会让他们被动地承担在大脑中记忆大量信息的工作。人们希望自己大脑了解的信息是深刻透彻的，而不是只触及皮毛的。

因此，当你构建出三大观点、找出九个精准的依据后，就该对这些内容进行测试了。要尽可能多找人测试，这样做才能保证其有效性。比如“我想支持的是这三个观点，原因如下”，而后简洁地列出你的依据并询问测试者，你所说的内容是否可信、真实、让人记得住？你说的话有说服力吗？

如果答案是否定的，那就接受测试者们的反馈，回归到所列的清单上，尝试建立新的观点。

在最终决定用哪三个观点与观众产生共鸣之前，你可能需要将此过程重复多遍。这份工作的完成，意味着你做好进入第六章的准备了，也就是要将你的观点变为你的主导叙事。在第六章中我们将会学习如何讲述故事、传达故事以及组织证据支持观点。学成之后，你就可以在说服他人的道路上畅通无阻了。

第六章　你的主导叙事

科里：你知道生命的奥秘是什么吗？（竖起一根手指）就是这个。

米奇：是你的手指？

科里：是一件事，就一件事。只要你坚持做这一件事，那其他一切就都是狗屁。

米奇：太好了，那这件事是什么呢？

科里：（微笑着）这就是你要去弄清楚的。

——电影《城市乡巴佬》（*City Slickers*）

既然你已经用三大观点和九大依据完成了主导叙事表格的填写，那么主导叙事就应该从你认为最重要的事情转变成了你的目标受众和你要叙述的事。

但是如何才能找到你要叙述的那件事呢？怎样才能利用三大观点并使其带来富有意义的变化呢？这里的变化指的是，说服受众支持你提倡的生活方式或选择。你又该如何利用三大观点使其能够促使气候变化行动的进行呢？上述就是本章会讲述的内容，也就是如何找到你希望别人了解的那件事。完成第五章的练习后，你的主导叙事就不会仅仅建立在对自己而言重要的事情上了，因此你就不会再犯那么多的错。现在，你明白了主导叙事应该以目标受众认为重要的事情为中心，并且你需要掌握的所有内容也应基于此，不能掺杂一丝一毫的虚假，同时还要能够引起目标受众的共鸣。

日常生活中的主导叙事

无论我们是否要竞选公职，我们都拥有自身的主导叙事。在你的家庭、工作以及社区里都有一个主导叙事。如果你不主动将其塑造出来，那么别人就会去做这件事。“邀请他担任资金募集活动的主持人吧。他的工作总是完美无瑕。”“别让他负责雪橇租赁工作，他可不值得信赖。”“什么都别告诉他。他最爱在邻里间管东管西了。”“把她从委员会里开除吧。她总把一切搞得太复杂。”“别投资他的墨西哥卷饼餐车生意。他不懂经营赚钱的。”“一定要让她参与进来。方方面面她都会考虑周全。”

仔细了解你认识的所有人，并且像上面那样尝试用一句话概括他们。当别人对你这样做的时候，你一定也会感受得到。思考一下，如果他人对你做出的主导叙事是过时的或完全错误的，那么你会感到多么沮丧。现在回到同事对我的反馈的案例上。我当时认为我对自己工作中的主导叙事的了解会更贴切，但实际上同事们对我的看法并非如我所想的那样。

你的主导叙事讲述的应该是有关自己或品牌的一件事。这一件事能简单便捷地表现出你对受众关键情感需求的满足。每个人都在讲述故事，而你想要拥有的故事是最简短、最令人难忘的那一个。当一位新妈妈重回职场时，她需要讲述的就是一个新的主导叙事。这样的一个主导叙事既要承认她一段时间上的远离职场，但是也要能够将其远离职场的这段时间界定为一种优势，同时这样的叙事要能够缓和人们对她的担心，还要表明她必将不负他人的期望的决心。所以，这位新妈妈就可以这样说："能将我所学有关消费者决策的知识应用于我的职业生涯中，我倍感兴奋。妈妈群体是我们针对的最大目标群体，而以妈妈身份度过的这几年时间会成为我今后工作中无价的财富。"

我搬离这座城市时，就希望能构建出一个新的主导叙事，一个自己作为邻居的主导叙事。在这座城市中，我自始以来的主导叙事一直是："李·卡特闭门不出，因此她是个好邻居。"而现在应该变为："李·卡特是这个社区中一个很棒的成员。"于是我开始邀请所有的邻居参加我的乔迁鸡尾酒派对、附上小字条告诉他们我们接下来会有哪些活动。如果因此造成干扰在此致歉，并且写上了我的电话号码，以防发出什么噪声影响到邻居。当我见到邻居时，我想向所有邻居传达这样一件事——我十分乐意为社区工作贡献心力。我可以打理社区花园、遛狗和提供拼车服务。这些对我来说都是切实可行的实事。我并不打算烘焙馅饼送给邻居，因为烘焙这件事我并不会做。但是我可以让他们知道，如果他们想要喝上一杯马尔萨拉葡萄酒，或因为下班很晚没时间遛狗，那么我可以成为那个为他们提供帮助的女孩子。

品牌的主导叙事

AutoCo 汽车公司本希望自己可以成为高质量、可依赖性和可靠性的代言人，但实际上并非如此。AutoCo 汽车公司本身的品牌故事很棒，但是对他们自己来说，这三者中的任意一个都有所不足。因此，我们需要找到能够支撑每个故事的主导叙事，然后通过公司做的所有事情表现出他们的可塑性，而这就是那件以客户为中心让大家紧紧团结在一起的事情。

我们明确了他们公司的三大观点后，将其润色为“AutoCo 汽车公司的现在、未来及共同走下去的伙伴”，然后我们必须要找到指明公司前进方向的那颗“北极星”。我们的所有研究都表明，消费者、投资者和具有影响力的人们之所以会被 AutoCo 汽车公司吸引，是因为 AutoCo 汽车公司考虑到了消费者所需的一切，从杯托、伸腿的空间这种最微小的事情，到诸如未来移动能力这种庞大的方面都有所涉及。该公司的汽车、文化和回馈方式都是基于消费者的生活方式创造出来的。所以,这就是他们的那颗“新北极星”。人们希望知道的是，自己在 AutoCo 汽车公司购买的汽车或进行的投资都会是高质量、直观可见、富有成效且经久不变的。而上述所有事实和故事积累堆叠，就形成了一个能够满足消费者核心情感需求的主导叙事。

对于美国穆斯林组织来说，根据我们建立的三大观点——目标（他们的起源故事）、人物（他们个人的故事）和行动（作为社会一员，他们所做的事情），我们总结出“我生活在这里的原因”

这一主导叙事。我们可以对所有内容进行归纳，并从中提炼出一些对他们而言至关重要的事情。如果他们不进行这种归纳总结，最终得到的结果就会截然不同。

对于P制药保健公司来说，我们从这些观点中所了解到的，是消费者需要将品牌和更高层次的质量联系起来。在我们开始讨论该如何表述出这一内容时，我们是这样想的：**好吧，我们可以说P制药保健公司已经拥有了最先进的研发技术。或者，我们可以告诉消费者该公司一直致力于提高消费者的生活质量。再或者，我们可以谈谈该公司是如何创新的。**但是最终我们发现，最佳的回应内容应该是关于发明的。于是我们开始做出回应。“寻求治疗方法,改变世界。”“跨越不可能。”“生而为治。”“跨越治疗极限。”这些总结让我们知道，我们的前进方向是正确的。接下来，我们将之提炼为“寻找治疗方法；让你的生活中岁月更长、让你的岁月里生活更多”。

在P制药保健公司采用了“寻找治疗方法；让你的生活中岁月更长、让你的岁月里生活更多”这种新主导叙事不到一年，他们就从消费者眼中最不具创新精神的公司成长为第二大最具创新精神的公司。这样的改变翻天覆地也举足轻重。这意味着，公司最终找到了能引起受众共鸣的那个故事，找到了情感上的正确方向，并且改变了消费者对于公司的认知：这并不仅仅是一个能满足消费者核心需求的公司，更是一个能让他们感受到关爱，并治愈他们的公司。

政治上的主导叙事

许多人犯了这样的错误：他们选择了一个主导叙事，专注于他们希望让别人了解的那方面，却没有能引起受众在情感上的共鸣。在我为有线新闻网做大量分析的过程中，我发现在政治活动中经常会出现这样的情况，比如希拉里·克林顿的主导叙事“希拉里代表的是美国”中的领导性观点就是经验，但问题是她的主导叙事和观点都是关于自己的，而不是关于美国人民的。

知道你选择的候选人具有丰富的经验会让你觉得自己的选择还不赖，但是如果知道自己选择的那个候选人能够让每个人的生活都变得更加美好，你会感受到更多的快乐。我们在研究特朗普提出的“让美国再次强大”的竞选标语时发现，这个标语让特朗普的支持者总能满怀希望、感受到自己能够对未来有所掌控。再次强调，无论当时你支持的是哪一方，在这个语境里，重要的是要理解“让美国再次强大”是一个几乎无法被击败的主导叙事。奥巴马当年的竞选口号“心怀希望、期许可信赖的变革”和里根的“黎明降临美利坚”也同样满怀力量。但是在2016年那个选年里，没有其他任何一个政党候选人的竞选口号能够达到“让美国再次强大”这一主导叙事的表达效力。我之所以这么说，是因为要让一个主导叙事具有说服力，就必须举出案例加以说明，然后你才能够将你的说服对象变成你的布道者。

主导叙事的五大步骤

现在我们要做的是发现你的主导叙事。有条不紊地完成下述五个步骤，你就能够知道该如何与你的受众产生共鸣，而后就可以利用这一方法展开接下来的工作。每一步你都需要花时间精进语言表达和信息传递，使你自身的感受能够逐步传达到受众身上。最重要的是，千万不要灰心。有时候要找到完美的主导叙事，需要将这一过程重复好几遍。但是一旦你知道一个伟大的主导叙事是怎样形成的，你将永远不会感到满足，总是希望能找到更具说服力的那个主导叙事。

步骤一：一句话总结你的观点

在这一步中，我们要亮出观点并思考说出什么内容可以涵盖那三大观点。比如你是 AutoCo 汽车公司，你想说服受众支持可靠性的理念；而如果你是百事可乐公司，你想做的就是成为一家更注重健康的公司；如果你是共和党人，你希望的是他人可以将你视为无私奉献者；如果你是民主党人，你则是希望别人认为你做到了对财政负责；再或者你只是想说服你的岳母同意让你来操办感恩节事宜，过程都是一样的。

比如，对于 P 制药保健公司来说，他们希望表达的就是："我们是一家成本收益很好的公司。我们优先寻求的是能够挽救患者生命的治疗方法。" 在我们找到 AutoCo 汽车公司的三大观点后，我们就可以这样说："我们是一家注重现在和未来的公司，而且我们会与社区成员分享实际经验。”这就需要我们将潜在的主导叙事的表述重点在董事会上巧妙地展示出来，比如，“我们的热情将带来你们的进步”“这花费了一个村庄人的心力”“基于你的生活方式而造的汽车”和“设计以人为本”。“基于你的生活方式而造的汽车”成了最终的赢家。之所以选择它，是因为在对其进行测试时，我们发现它讲述的内容比其他的更为宏大。但是在本阶段还无须对这句话加以改进。在这一步中，我们的目标仅仅是将三大观点融合在一句话里。

并非每一个主导叙事都必须是一个简洁的口号。如果你想说服你的邻居把报纸和纸板用绳子捆起来，然后你们就不会因为胡乱堆放易燃物而被罚款，你就应该在电梯和地下室里贴上写有“这里是 77 号老佛爷百货商店，因此我们每次都会用正确的方法处理事情”这样一块牌子。这也许就足以激发邻居们的自豪感，让他们可以妥善处理自己的垃圾，并能够说服他们成为这栋建筑更好的管理者。但是，如果你正在参与地方政府的竞选工作，或者你需要在工作中持续推进某项新的政策的运行，你就需要与支持者使用同一种沟通语言，让你们双方可以轻松沟通。这就意味着，在你真正找到这样一种有效的表达方式前，你需要想尽一切办法表明自己所处的阵营。

步骤二：思考其至关重要的原因

那么现在，你如何才能找到自己的那件事呢？记住上面那句话。然后我们回到对于说服对象而言最重要的事情上，并且思考一下上面总结出的那句话对他们而言有什么好处。我的一个客户说过，她最喜欢的电台是 WILFM 电台。**那它对我而言又有什么好处呢？**问问你自己，你所能提供的东西或服务中对他们来说最重要的好处会是什么？比如，你希望能够实行全面的减税措施，并且已经将你的观点定位为“简化税法、刺激经济且能把钱放到美国人的口袋里”。但问题是，为什么你的受众会认为这样的措施十分重要呢？我发现，如果你可以多次问问自己——“那又能怎样呢？”或是“为什么这会很重要呢？”差不多问个五次，你就能够得出答案。做法如下：

A. 减税能够简化税法、刺激经济并使钱回到美国人的口袋里。

为什么这很重要呢？

B. 因为人们拥有的钱多了，花的钱才会变多。

为什么这很重要呢？

C. 因为人们花钱多了，公司才能赚更多的钱、雇佣更多的员工。

为什么这很重要呢？

D. 因为那样就可以给人们提供更多的工作岗位，惠及美国广大劳动群众。

现在你掌握这些内容了。“我提议的减税能够创造工作岗位、促进经济增长”或者“我提议的税收改革能够制造工作机会以及促进经济增长”。当我检验选民提出的这些观点时发现，能够引起共鸣的那些信息都能直接回答“为什么这很重要？”

这个问题。

当一家售卖储藏性主食的美国食品公司想要更新他们的表达方式以及信息时，我们要做的是深层次地挖掘他们所提出的依据的根源。因为我们都是吃这个品牌的产品长大的，所以关于这个品牌，我们能表述的内容有很多。你可以关注这样一个事实：该品牌的产品既富有营养又易于获取，在你生病时，它会带给你慰藉，而且它还是广大美国家庭里的主食。你可以深入其传统之中，强调它的历史已经有 150 年这样一个事实。但是，要想了解该品牌的本质，我们还是需要更深入地发掘这些事实的共通之处。它们传递出的真实情感是什么？它们带给人们什么样的感受？于是我们用了这样一个句子来描述该品牌的观点："科西公司的品牌拥有 150 年的历史，其生产出的是简单易得的营养食品。"

A. 科西公司是美国标志性的品牌，有 150 年的历史。

为什么这很重要呢?

B. 因为它历史悠久，所以它一直值得信赖。

为什么这很重要呢?

C. 因为我希望家人食用的食品是我信得过的。

为什么这很重要呢?

D. 因为反过来，我的家人也相信我所做出的决定，即我所选择的他们的食物。

为什么这很重要呢?

E. 因为这是我向他们表达爱意和关心的方式。

于是，我们现在就建立起了该品牌的新的主导叙事：用心制作。该品牌已经与消费者共同走过了一段漫长的岁月。这是无法辩驳的事实，因此将主导叙事的重点转变到关心、信任和家庭上，会让人们产生强烈的感情。

在这样的训练过程中，你提供的信息可以从客观陈述转变为饱含情感的表达，从无关紧要的事实变成对受众而言至关重要的事情，然后你就会找到你的那件事。你的主导叙事也会暗含其中。

就 AutoCo 汽车公司来说，我们建立的是解决问题者的框架。所以我们问的问题是：为什么这很重要？因为在那个案例中不存在问题，需要的只是做出改善提高。为什么这很重要？这个提问意味着消费者总是希望得到他们需要的东西。为什么这很重要？因为产品就是为消费者的生活而造的。

步骤三：对照三份清单及核心情绪检查表述

现在你已经列出了你的所有观点并对它们进行了分类，然后你要一遍遍地问自己："为什么这很重要？"从而根据你做出的分类提炼出一些重要的信息，来与你的说服对象产生共鸣。下一步要做的是检查三份说服准备清单的内容，确保这些表述对任何干扰因素都不会起到强化作用。这对你的目标受众来说至关重要，所以你一定要做到。

说服准备清单

干扰消费者的因素	你的主导叙事是否会对其中任意一个有强化作用?
消费者的需求	你的主导叙事是否能够满足他们的需求?
你可以做到的	你的主导叙事与你能够做到的事情是否吻合?

下一步就是要回答:“我所挖掘的核心情感是什么?”我们为AutoCo汽车公司准备的许多备选的主导叙事听上去都不错,但是它们都没有触及我们需要激发的核心情感,也就是“我能感到安全”。

所以现在我们要做的,就是将潜在的备选主导叙事与我们希望受众产生的情感做出匹配。这种检测无须立即展开。你可以假装自己就是目标受众,然后想象他们听到各个候选表述后的感受。我们希望,那些对穆斯林的存在感到紧张不安的人听后,能够感受到有人在倾听他们说话并因此感到放松。我们希望否认是人为原因导致气候变化的人感觉到自己受到了尊重、得到了鼓舞。

因此这一步骤的关键,就是要找出主导叙事会带来的情感,而无须对那种情感做出判断。这就是共鸣需要回归的地方。

步骤四:对照4P检查主导叙事

在我的搭档迈克尔·马斯兰斯基所著的《信任的语言》一

书中，他提及了四个 P 开头的词语，即可信（Plausible）、积极（Positive）、客观（Personal）和直截了当（Plainspoken），这是衡量每条信息是否成功的标准。你可以根据自己的主导叙事询问自己：

1. 这是可信的吗?

你的主导叙事是否具体？你是否能做到？你的受众相信你可以做到吗？可信的语言是获得信任的关键。要让你的表述可信，需要满足下述几个标准。首先，观点必须中立——也就是说，这不能是带有预先判断的表述。其次，内容必须完整，就像我们在第二章中所说的，它代表的是你的好坏。最后，可信的表述必须要避免绝对性的、过度夸大的以及过于大胆的说法。

比如，我们曾为一家食品饮料公司工作，而这家公司当时陷入了有关肥胖的纷争，成为人们议论的焦点。公司首席执行官想要站出来然后这么说："你们都错了。我们公司致力于打造健康的未来、健康的美国和健康的孩童。"可能我都无须告诉你，你自己就能猜出消费者的反应。在我们检测这个表述时，我们听到了房间里的叹息声和明显可见的注视目光。当我们把"健康"改为"更健康"后，得到的反应则截然不同。有认为可信的，有认为不可信的，有对之加以称赞的，也有对此不屑一顾的。

并不是说表述的内容不能大胆无畏，而是大胆无畏的应该是公司一直以来设定的目标，但这一目标必须是受众认为合理可行的目标，否则在事情伊始，你就会失去这些受众。

2. 这是积极的吗？

想象一下，你是一家信用卡公司的领导，需要给自己的呼叫中心代表们写一份台本，帮助他们从拖欠还款的客户那里收回资金。消极的表述框架会是这样的："如果你不支付这六个月来的最低还款额，我们就会无限期按年利率叠加你账户中的罚款额。"而如果在积极的框架下进行表述，你则会这样说："如果你在接下来六个结算周期内能够按时还款，就不会产生罚款，之后你就可以按原来的年利率还款了。"

在辩论中，上述框架同样适用。我经常会说，做出反应的那个人并不是在行动，而是在一步步走向失败。回想一下我们之前讨论的气候变化框架，我们就会发现，采取诸如"我们不能让这种情况发生。如果一直这样下去，没过几年灾难就会发生"这种消极或是恐吓性方式的表述，实际上我们就会与说服对象变得愈加疏远。但如果我们把中心放在积极的理由上，我们就能够让更多的人参与其中。

3. 这是客观的吗？

受众是唯一重要的对象。但是在我们尝试说服他人的过程中，我们会本能地开始谈论自己。想想财务顾问说的那些话吧，比如"我已经取得了国际金融理财师证书，并且通过了综合证券销售监管人员考试""我管理的资产超过 10 亿美元"或"我的从业经验超过十年”。虽然他们说的这些话可能都是事实，并且这些也许听来确实有趣，但是对目标受众来说，这些并不一定重要。如果有一位财务顾问表示“我很想和你聊一聊你的长短期理财目标，我希望能听听你的意见，这样我就可以制订出一份计划帮助你实现目标了”，听完你应该会更愿意把你的业务交由这位财务顾问来处理。“我们是行业第一”这类主导叙事，只有在你让受众感受到自己选择了最优秀的公司后才会起到说服的作用。你的叙事具有共情性吗？能够服务到你的受众吗？

4. 这是直截了当的吗？

要用目标受众的表达方式进行书写吗？不需要使用专业术语吗？问问自己，怎样才能让表述更为简洁呢？怎样才能使其看起来更为巧妙呢？怎样才能让它更加具有说服力呢？参与其中，然后让别人难以忘记。无论它出现的形式如何，这都是你主导叙事的表达方式。无须彻底润色，只要让人难以忘记，让你可以一遍遍舒适地重复即可。这样无论谈话进行到哪一步，你都可以回归到你想要表达的内容上来。这似乎显而易见，但是我们看到的情况却是到处都在使用专业术语。你越是熟悉某个问题、产品或公司，你所使用的专业术语就越多，所以一定要做好检查工作。

比如，我们最近帮助了一家保险公司创建自己的表达方式，并且做出了一些语言上的调整以保证表达内容的清晰明了：

你说的内容	他们听到的内容	改成这样说
网络	我们谈论的是什么网络？我的网络里有什么？	首选医生及医院
保险费	是不是要支付额外的费用或者很贵？	每月支付
临床指南	哪方面的临床？	治疗指南

步骤五：去咨询委员会中检测其是否能产生共鸣

所以现在你应该已经拥有了一个优秀的主导叙事，但是如果你没有致电并雇佣我们，那么你就需要做些调查以确保：你希望自己被他人听到的方式与他人听到你的话语的方式是一致的。通过电子邮件给朋友和同事发送可供选择的选项、在网上发布内容后发起投票或是在问卷网或谷歌表格网上发送调查问卷，这些都是你可以选择的方式。

在处理这些问题的过程中，你可能会发现你的主题思想是正确的，但是所用方式不合适。有些话语会成为问题的触发因素。最初我们认为专注解决 AutoCo 汽车公司的问题是很好的，但是后来我们发现，受众所关注的事实是我们正在提出的问题的恐怖之处。

在这一过程中，有时我们会担心有许多不同的触发因素会突然出现。我们把其中一种称为矛盾警报（Contradiction Alert），指的是有些东西你想要表达出来但是你不能真实地表达，因为这可能会给你带来麻烦。

就像银行希望其身处止赎狂潮之时，人们可以认为这是由客户驱动导致的。所以说，也许你的观点听来不错，可能正是对方想听到的内容，但是你也必须回归到客户对你的看法上来。对于任何可能会引起人们表达出“我不会买你的东西”想法的内容，我都会用星号标注出来。

然后我们进一步询问，会存在语言雷区吗？在 AutoCo 汽车公司那个案例上，由于提出问题这一想法具有风险性，所以“问题”这个词就成了潜在的雷区，但有时候你只有提出了问题才能得到答案。这并没有关系，但是你在查看这份清单时，必须要考虑到这两个潜在陷阱并且要理解企业置身其中会遇到的风险。这对你而言十分重要。那么你如何才能做到既保持真实，又能保证说的话前后一致呢？对于银行来说，它应该要说：“我们花时间倾听客户提出的意见，这就是我们要对 x、y、z 做出改变的理由。”这就是一种截然不同的表达方式，既表明了这是由客户驱动导致的，同时又清除了矛盾警报。

窥见潜在的矛盾和雷区后，你也许会想要花时间思考思考：“我还可以用什么方式表达出这些内容呢？”或是“有没有什么方法可以使我既能表达出这些内容还能够加强真实性呢？”再或者你可能会意识到：“我永远都不想走到那一步。”

但是这并不意味着每一次你都必须做出最具安全性的选择。你只是希望知道你现在所做的选择到底有关什么，这样你就不会因受众的反应而被蒙蔽双眼。例如，当女性第一次听到“平板电脑”这个词时，大多数人都会表示：“这个产品名并不讨人喜欢。”

有一次，我们帮助一家银行制作奖励信用卡。在过程中，我们列出了推出这种信用卡的种种好处，但是我们从未讨论如何消除过程中的干扰因素。于是在我们回看之前列出的好处时，就发现这张卡与其他数百张奖励卡并无什么不同之处。

于是我们查看了所有印制精美的卡片，然后我们就意识到："也许'没有限制'里面暗含着更多的内容。我们要讲出的不是这张卡是什么，而是它去除掉了什么东西。"也就是在那时候，我们想到了"无框卡"（no hoops）的概念。但是人们对此却是仁者见仁，智者见智。如果你带着一帮朋友出去吃饭，然后询问他们对于"无框卡"的感觉，他们也许会回答："'无框'奖励信用卡？这我可没听过。你问我希望不希望自己的卡也是无框的，我也不知道。你说的听起来不大一样。我不确定……我说真的。"

但同时，这种卡也吸引来不少消费者。"无框"和"返现"之间还是存在着些许会让人激动的东西的。消费者第一次听到"返现"的时候会怦然心动，但是之后就习惯了。于是我们被迫接受了"无框卡"的概念，然后其也得到了消费者热烈的反响。所以说，表达方式略带风险有时并不是坏事。

发展叙事

芭比娃娃就是一个很成功的案例，其持续围绕一个主导叙事不断进行发展。许多人是和芭比娃娃一起长大的；她是一个深受人们喜爱的品牌。但是，近些年来，芭比娃娃物化了女性并且其为女孩创造出的效仿对象是无法企及的完美模特，因此芭比娃娃所属公司美泰（Mattel）陷入了困境。可是，芭比娃娃明明陪伴着我们许多人长大，创造了那么多美好的回忆，为什么她会落入如此境地呢?

从几年前开始，美泰公司一直做的就是回归到一件事上：芭比娃娃并不只是一个洋娃娃，她代表着女孩的成长。美泰公司发起了一项活动，这项活动提醒母亲们：芭比娃娃展现的是女孩们成年后的梦想、壮志与希望。女孩们可以畅想自己长大后会成为教授、兽医、足球教练和高管。芭比娃娃会让你重新回到你的女孩时期，能够满怀梦想的时刻。这样的主导叙事会让人们拥护这个品牌，并且它的确生效了。美泰公司成功说服了妈妈们，给女儿们购买芭比娃娃是对她们未来的一种投资。

主导叙事能够带来改变

相比营销和广告，说服的过程更为长久。这是因为我们正在做的事是改变人们的想法。2015年，欧维士（Always）品牌发起了一项名为“像个女孩（Like A Girl）”的运动。该品牌提出的问题振聋发聩：“在什么年龄让你‘像个女孩’会冒犯到你?”2014年潘婷（Pantene）以广告的方式也发起了一项名为“强壮有力而光彩夺目”（Shine Strong）的运动，旨在让女性不要再一直道歉。实际上，潘婷的广告提高了人们对于女性文化的认知，女性并不应该是一直在说“抱歉”的那个群体。它同时也改变了女性的行为。我并不确定潘婷的洗发产品是否因此提高了销量，但是潘婷的行动让我们重新审视了自己，这确实具有说服力。它让女性的意识得到了觉醒,想法得以改变。与2019年耐克“更疯狂的梦想”的宣传片一样，这些广告都融入了强烈的情感，然后消费者了解并转发这些广告，确保了广告内容的传播，帮助了品牌的宣传。因此，你不仅仅只是发布了另一个女性相关产品的广告，而是担负着要为女性做些事情的重任。

在印度，女性承担了90%的家务劳动，而男性只承担了10%，并且印度男性几乎从不洗衣服。因此，宝洁（P&G）旗下的印度洗涤剂品牌碧浪（Ariel）与天联公司（BBDO）合作发起了一项名为“共同承担家务”（Share The Load）的运动。在为该项运动所推出的广告中，一位印度的父亲正在给女儿读信。画面中父亲还在家里忙碌着，一边照顾家人，一边还打着电话处理多项事务。他深情地说着:“我的小宝贝，你现在已经长大了。以前你还玩过家家游戏，而现在你一边操持着家务，一边还要管理公司的事务。我为你骄傲，同时也感到抱歉。我从来没有告诉过你，家务从来不是你一个人的责任，也是你丈夫的责任。但是我以前也从未帮助你妈妈做家务，因此我又有什么立场这么说呢？”那位父亲接着说，“你的丈夫从他父亲那里学到的东西一定也是一样的……我也代表你丈夫的父亲向你道歉……我要代表每一个树立了错误榜样的父亲道歉。”这个视频在网上疯传，街头巷尾议论纷纷。在那之后的一年里，有超过210万的印度男性做出承诺，要分担家务劳动，承担洗衣工作，而碧浪洗涤剂的销量也因此在印度市场上实现了超过 111% 的增长。

结合起来：观点和主导叙事

继续讨论第四部分内容之前，我想让你看看将观点和主导叙事结合起来会产生怎样的效果。在此，我会讲述保险行业的一个案例，保险行业也是我们工作中会遇到的最令人兴奋的行业之一。开个玩笑。我之所以以保险行业为例是因为想告诉你，无论你的目标和主题为何，将观点和主导叙事结合起来都是可行的。

我们和 P 保险公司一起工作时，他们认为目标市场还不知道他们的存在。作为沟通者，他们希望能够成为仅服务于富人需求的保险公司。而有趣的是，问题根本不在这里。我们发现，虽然根据客户人口统计分析，他们的目标市场是富裕人群，但是根据心理统计学分析，他们对自己的定位实际并非如此。

因此，在我们每次询问是何种特质让 P 保险公司成为富人们的首选时，他们的目标消费者的回答都是："哦，所以 P 保险公司的目标客户是我认识的富人啊，并不是我。P 公司保险费高昂的原因就是需要把那些超级富豪变成自己的客户，而我可不是超级富豪。"也许你交谈的对象是一个拥有一艘船的人，但是那个人认识一个拥有两艘船的人。即使是要奉承他们，你也必须确保目标消费者与公司的自我定位之间不存在分歧。

P 保险公司认为，如果他们能够让消费者认识到，自己需要再购买一些保障范围更广的保险，消费者就会有所行动。但问题是，P 保险公司并没有认识到自己目前的保险在保障范围上存在的痛点，而是将更多的注意力放在了提供更好的用户体验上。他们需要为此付出代价。因此，我们帮助 P 保险公司了解到客户与该公司合作后的感受如何。P 保险公司的重点并不是要为更高端的产品承担更多的责任或提供更多的保障。相反，P 保险公司应该将注意力集中在“如何满足客户需求”上；应该讨论要人性化地对待客户而不是将客户看作电子表格内的数据；应该谈论要在 24 小时内回应客户的索赔并在 48 小时内签发支票。这一切都指明了 P 保险公司切实存在的痛点，并且这些痛点会实实在在地引发出一些事情。于是他们希望能够了解更多信息以预测公司前景。

以下是影响他们前景的因素列表：

- 服务。
- 迅速处理索赔。
- 无须客户操心项目所有细节且全盘承接各种事务。
- 无须客户操心数据挖掘事宜。
- 无须客户自己独当一面地进行谈判工作。
- 提供的是正当的服务。

他们也列出了自己可以做的事情：

- 服务。
- 迅速处理索赔。
- 无须客户操心项目所有细节且全盘承接各种事务。
- 无须客户操心数据挖掘事宜。

· 无须客户自己独当一面地进行谈判工作。

· 提供独一无二的高端产品。

· 产品涵盖范围广。

· 专业。

他们的佐证依据：

· 公司为富有人群提供的保险的保期超过百年。

· 所有产品的保险范围都位居行业之首。

· 公司的索赔理算员能够帮助客户获得赔偿。

· 若出现该公司的合同中有含糊不清之处，则以客户利益为准，保险公司会自行承担其中损失。

· 能够在48小时内支付索赔金额。

浏览列出清单的各项条目后，我们构建出了该公司的三大观点。观点一为“我们想方设法满足客户的需求”；观点二为“我们想方设法提供更多的服务”；观点三为“保险范围覆盖广泛”。

然后我们建立了他们的主导叙事，即“在P保险公司的帮助下，你可以提高自我期望”。

此外，我们也找到了支撑该主导叙事的故事。一个很好的例子就是发生火灾时，该公司会提供免费的救助服务。如果某个客户家中发生火灾，公司会派遣一个小组去客户家中帮助他们清扫房屋，甚至还会帮助他们在屋子外围喷洒阻燃凝胶。该公司告诉我们他们曾帮助一户家庭幸免于难。当时，大火蔓延了整座城市，但是那家的房屋却没有起火。等到那家人回来的时候，P 保险公司的工作人员已经在清理那家屋子外的阻燃凝胶了，而那家人所要做的就只是打开家门，像往常一样继续自己的生活。

最后，我们希望你能置身在这样一个情境：想象一下，你现在在电梯中并且只剩 30 秒，或者你在面试中只剩下 2 分钟，而你需要通过自己给对方留下的印象来获得你想要的东西。你的主导叙事就是能够帮助你说服他人做事的一件利器，能够让对方铭记并且对他们而言意义重大。主导叙事下的故事实际上就是非常简单的一句话，讲明你的身份，然后通过这种身份使受众成为你的品牌大使。如果你确信自己已经围绕目标受众建立了一个故事，并且这个故事你烂熟于心，那么就坚持下去。你可以围绕自己的主导叙事做出适应性改编，但是不要改变你在做的那件事。

4 故事

第七章　使其可视

我相信视觉语言与文字语言同样强大。

——大卫·拉夏贝尔（David Lachapelle）

在讲述如何通过故事推销自己之前，让我们先来回顾一下迄今为止你学习的说服他人的过程。首先，你自己树立了远大的愿景，于是你满怀欣喜希望能够说服人们并且你明白自己很了解说服对象、能够与之产生共鸣。你为自己的论点设计了三大观点和一个主导叙事，让受众感受到你所传达的观点能够解决他们的实际问题。对于你的每个观点，都有三个简洁的依据加以佐证。现在，你已经准备好了要掌握说服技巧中的最后两个部分：视觉语言和故事。这两者会帮助你最终完成整个说服过程。

在我办公室的一堵墙上曾贴着许多便笺，上面有我不喜欢的单词，最让我感觉受到侵犯并且会畏缩不前的两个词是：潮湿和摇摆不定。在我看到某则广告上写有这两个词时，我就会诚恳地询问这家公司他们是否真心想销售自己的产品。当我最后一次向某家公司提出这个问题时，那家公司最终还是决定去除其广告中那两个我讨厌的词。潜在客户总是问我："为什么你会这么讨厌'潮湿'和'摇摆不定'这两个词？"我就会告诉他们是因为我办公室里的那堵墙。

随着我们关系的进一步发展，我有幸可以面见职位更高的领导。他们总是会这样说："李！你就是那个办公室墙上贴满便笺的女人吧！"他们内部会相互谈论我的这种形象，而我也因此被他们记住，而这就成为我的主导叙事中的一部分。这堵墙就是我数十年以来，致力于根据语言的内在特质组织语言这一故事的象征。这比单单说"我致力于组织语言"这句话更具说服性。

2006年，我的合伙人基思·亚兹米尔（Keith Yazmir）在公司担任高级职务。从任职的第一天起他就察觉到了，人们正试图弄清楚他这个新家伙的来龙去脉。基思并没有让所有人坐在一起然后说道："嘿，伙计们，放轻松。我并不是想得罪你们其中的任何一个人，而是想告诉你们些有趣的事儿。"这样会产生反面效果。基思的做法是给公司所有人发了封邮件，邀请他们在他那间小小的办公室里举办周四畅饮日活动。当我们聚集在他那个约六平方米大小的办公室里时，我们看到了各种食物、鸡尾酒和装饰，还听到了优美的音乐。这就是他的幽默与个性最具体、最直观的反映。他的做法不仅打破了与同事们之间的紧张局势，更使得我们在基思的整个任期中，都很期待他能再次举办聚会，感受他的幽默感。

在每天的工作中，我几乎都必须要让客户牢牢记住，要告诉他们的消费者：如果没有一个明确的、可视化的愿景指导他们的工作，那么他们的所有信念或在某件事情上的付出都会是无用功。这是因为人类是借助视觉思考的群体。如果能够在说服对象脑中建立起积极的形象，那么你离自己想要的东西就更近一步了。

我们将这种东西称为图片符号。这种符号可以是一个人、一个物体或一个动作，但它必须是具体且有形的。也就是说，它不会是一种概念化的东西。比如，移民政策就是概念化的，而那堵墙就是人人都可以想象出来的东西。我知道，你们中一半的人在听到这里时，都会觉得自己之前深受其害，但是你能说出希拉里在 2016 年竞选时所选用的任何一个视觉符号吗？在基思的那个案例中视觉符号是邮件。而希拉里就是因为没有做到用自己的视觉符号取代选民脑中原有的符号，而丧失了说服策略中的关键部分。符号拥有一种内在的力量，能够以长篇故事无法企及的方式来谈话。

动作中的视觉语言

视觉语言的工作，就是以一种可留存的方式将你构建的某个观点根植在受众脑中。“我是一个好编辑”和“我的规则是：一次创作，三次编辑”，以及“我是一个很好的项目经理”和“我一晚都不会离开岗位的，除非每个项目的复核工作都完成了”，哪句话更能清楚地描绘出一幅画面呢？

我们为某家饮料公司的水资源保护倡议计划提供服务时，告诉他们：与其说该计划可以节约几百万升的水（这听来很抽象），不如告诉人们节约的水量可装满 15 个奥运会规模的泳池。这就为受众提供了一个符合诉求的视觉符号，让人们更加难忘，也降低了消费者帮助传播这一计划的难度。这就是信息渗透的方式。

30 年以来，宝洁公司旗下的帮庭（Bounty）一直都以“最迅捷的捕手”而闻名。帮庭公司的主导叙事之所以能够被记住，是因为该公司在广告中使用视觉语言支撑了这样的表述：在水溢到柜台边缘之前，纸巾就把水全吸进去了，并且纸巾被水浸湿后依旧结实，甚至还可以托住一串葡萄。这样的广告不仅只是让我们知道了帮庭纸巾非常结实，还向我们展示了这款纸巾的形貌。

现在，视觉语言的重要性比以往任何时候都要高。过去，某个品牌获得第三方市场咨询研究机构君迪（J.D.Power）的认证，获得合伙人的极高赞誉或得到好管家（Good House-keeping）的认证盖章后，就会将这些信息或是认证符号张贴在产品包装外部。现在你需要做的，则是在亚马逊（Amazon）网站、Yelp 点评或猫途鹰（Tripadvisor）旅游网上获得良好的评价。因此，公司业务成功与否的决定者是广大客户，而不仅是一个能做出客观评价的专家小组。研究表明，相比专业评价，消费者更看重的评价还是来自广大群众的。大众的评价有时存在逻辑漏洞，甚至缺乏理性，因此，品牌需要以强有力的符号来取代视觉广告，使得该符号在消费者脑海中能留下深刻的印象，并引起他们情感上的共鸣。

金融危机过后，人们认为银行用模糊的语言，诱骗客户签署了可调利率抵押贷款的协议，并且未向客户介绍在该协议下银行会调高付款金额。人们浑然不知自己被蒙在鼓里，也不明白可调利率抵押贷款的相关条款，所以他们觉得自己受到了欺骗。因此，我们的一位银行客户认为，他们构建的三大观点应该包含透明度，但是挑战在于透明度就是一个抽象概念，含糊不清也并不一定能够解决信任危机。所以我们需要扪心自问：到底什么符号才能够象征对透明度的承诺呢？

我们尝试了许多不同的选择，最终，我们确定了使用一页篇幅的摘要文件的方案。原因是，我们知道许多人在签署购房协议时会对诸多条款不知所云，因此摘要文件会贯穿所有抵押贷款计划的始终。“这是一页纸，上面内容的阅读难度等同于四年级的平均英语阅读难度，正符合你的要求。”

而后，我们将之命名为《简明承诺书》。其中指出，无论客户从银行获得了何种产品或服务、复杂程度如何、属于金融服务工具还是抵押贷款，都可以获得一份英语摘要文件，明确总结出其中客户需要同意的条款。

增加了这样的符号后，该计划就能够产生更广泛的影响，促使银行的声誉得到提高，这对于银行来说至关重要，而且还大大地提高了客户的满意度。换言之，银行的客户现在会更加信任银行，认为其所做的事情是正确的。这是金融危机过后的一个重大转变。

星巴克曾深陷市场份额连年下降的困境，彼时，其原首席执行官霍华德·舒尔茨（Howard Schultz）重返星巴克。之后，他们并不仅仅是在口头上说“我们正在重回正轨”或“我们再一次做出承诺，提高产品质量”，而是在全国范围内闭店三小时，用这段时间重新培训所有咖啡师，以制作出口味完美的咖啡。该新闻在全美范围内都有报道，而那些关闭了的星巴克门店也停留在了消费者的脑海中，成为一种视觉上的提醒，告诉人们星巴克对于质量的重视。而事实证明，星巴克的做法的确效果斐然。

下一次，当你再次发表声明时，一定要思考一下能够最生动地传达你目标的符号是什么。将所要完成的任务和客观的说明梳理成为理论，然后将理论转化为有形物体。

符号的功能

当符号被用来支持你的主导叙事时，其承担了两种功能：将你从拥挤不堪的大市场中区分出来或是重塑你的市场地位。无论符号承担的功能是哪一个，它都需要做到让人难忘并能够引起人们情感上的共鸣。我将对这两类功能做进一步分类，然后告诉你如何从下述内容中找到你所属的那一类。

符号的区分功能

由于捐献行为的形式多样，但捐献者数量有限，因而慈善机构很擅长凸显符号的区分功能。以圣裘德儿童研究医院为例，该医院的主要工作不是治疗而是研究。圣裘德医院只有 27 张病床，但是因为研究这个概念是很抽象的，因此他们将儿科病人作为自己医院的象征符号。而这也的确取得了令人震惊的成效。现在人们一想到儿童癌症，就会联想到圣裘德儿童研究医院。

2016 年，Purple 床垫公司刚开始在网上销售床垫时，他们发明了一种名为鸡蛋测试的活动。他们公司在网上上传了一段视频，视频中工作人员往床垫上扔了许多玻璃片，但是床垫上的生鸡蛋却没有破碎。这个测试到底想证明什么？谁知道呢？但直至今天，它仍深入人心，使得 Purple 床垫跃升行业前列。泰普尔（Tempur）床垫公司将一个装满水的酒杯放在床垫的一边，然后有人在另一边上下跳动，而酒杯未倒。这样的符号就比单说“我们家的床垫稳定性很好”要有说服力得多。它解决了消费者的核心需求，也就是能让熟睡的人和辗转反侧的人安然共处于一张床上。

嘉宝（Gerber Baby）零食也是一个很好的案例，其品牌图标上一个不明性别的漂亮宝宝就是从视觉上做出了承诺，即如果你选择了嘉宝产品，你的孩子也会像海报上一样，是个酒窝里满是笑意的健康宝宝。

其他例子还有白皮肤的女孩使用碧柔（Bioré）的毛孔清洁黑鼻贴以及格温妮丝·帕特洛（Gwyneth Paltrow）的素颜自拍——美妆公司历来深谙符号改变受众想法的巨大力量。“谁会穿短裤？”短裤就是一个明亮且趣味性很强的形象，很容易就能让你被别人记住，不像购买脱毛剂时反复考虑气味和闻起来的感受那么复杂。

运动员惠蒂斯带火的家乐氏小麦片以及家乐氏旗下的奇宝（Keebler）小精灵和家乐氏米花糖包装袋上的卡通形象，都是在 20 世纪七八十年代进入消费者脑中的符号。通过这些符号，家乐氏公司将自己第二代工厂里生产的食品拟人化，打破了母亲们心中不让家人食用包装食品的那层障碍。

而今天，卡戴珊家族中的凯莉·詹纳（Kylie Jenner）的嘴唇成了她自己独一无二的象征符号。

符号的重塑功能

某个品牌、社区或个人陷入危机，原因往往是他们身上出现了具有负面意义的符号。想要纠正这一点，首先你必须回到说服受众的那份障碍清单上，然后问问自己：受众与你之间的联系是什么？这样的询问也许会让你感到不适，甚至沮丧。但是你所做出的评估必须是诚实坦白的，这十分重要，因为它能帮你弄清楚自己该从何处着手。对于 AutoCo 汽车公司而言，他们要替换的那个符号就是出故障的刹车。对于 P 制药保健公司而言，那个符号就是药片。而有关药片的问题就是，它小且易溶，因而人们不会相信其制造成本高昂，这就是消费者障碍在视觉上的表现。如果说到我的那个 360 度的评估反馈，盘旋于我同事脑中的符号就是每天早上我办公室里的那张空椅子。我必须要改变的就是我之前在他们心中建立的符号。再或者，可以想想底特律的那家汽车制造商。他们的首席执行官乘坐私人飞机参加国会 2008 年救助计划的听证会。那之后，无论他们做什么都无法消除首席执行官在公众心中留下的奢侈无度的形象。

你想以财政保守派的身份参与地方政府竞选吗？孩子去年生日时你帮他准备的充气城堡和烟火，是不是在几个街区外就可以看到呢？这些就是你必须改变的符号。你的产品是否让一些人感到不适，是否会造成破坏或会导致不良后果？参加假日办公室聚会时，你有没有把裙子塞进塑身裤里？无论公平或尴尬与否，将这些符号都列在清单上，然后你就可以找到一个最完美的符号用以取代之前的那一个了。

对 AutoCo 汽车公司而言，在回顾他们那张依据清单（致力于卓越、创新以及客户关怀）时，我们发现其中最突出的就是杯托的那个例子。而“基于你的生活方式而造”很明显就是该公司主导叙事中的象征符号。对于很多人来说，棒球就是一个典型的象征美国的符号。一旦你看到有人在打棒球，你就能发现自己与那个人的共同点，而这明显比单单说“我和你一样，我们都是美国人”的效果要好得多。在 P 制药保健公司那个案例中，他们的主导叙事中最有力的象征符号就是在实验室中努力寻求治疗方法的科学家们。

有些符号本身就具有消极意味。有些公司过去经常在电视栏目中展示超大张的支票，比如美国直销公司出版商清算所（Publishers Clearing House）就经常以抽奖的方式推销商品和杂志订阅，但是这却引起了人们诸多的怀疑。人们看到这类新闻时，会认为这些都是假的。他们希望看到的并不是符号化的支票，虚空的承诺在他们看来毫无意义；他们希望看到的是实际的结果。人们这样说道——“我要看房子被没收的那个人重新回到自己房子里的画面”“给我看工厂重新开张的样子”，以及“让我看看那个毕业的人”。然后你再问问自己，该如何从头开始赋予这个符号真正正面的意义，以及该如何将之变成自己的观点之一，并将之可视化，然后改变人们原来对它的看法。

行为形式的符号

行为有时候也可以成为符号。倾听他人讲话就是一个很好的例子。思考一下，一个候选人不只是口头上表示会倾听选民意见，而是真正地进行了一次倾听之旅。候选者并不将这次倾听之旅称为市政厅会议或候选人见面会，而是就称之为倾听会。行为成为符号的另一个案例就是承诺。口头上说会给产品提供服务或退款是一回事，真的能在行为上实践承诺又是另一回事。以沃尔玛超市的“价格匹配政策”为例。沃尔玛超市不仅口头表达了“在全国各地的超市中，我们的价格都是最优惠的”。相比对手，他们不仅只是给出了自己的产品价格，他们还做到了将自己的产品价格与其他超市的产品价格做出对比。正如他们所说的，“我们致力于成为那个为您提供最便捷购物体验、最划算价格的购物场所，同时如果您在其他地方得到了什么优惠券，我们也会为您提供与之相匹配的服务”。这就是他们给出的承诺的象征符号。同样，在卖鞋网站 Zappos 刚刚上线时，其需要解决的障碍就是：人们希望能够实地试穿鞋子，而网上买鞋是无法试穿的。于是，Zappos 公司就用“退货免邮费”的政策奠定了他们的说服基础，并且这也的确奏效了。

无法引起共鸣的符号

2015 年，美国说唱歌手肖恩·科里·卡特（Jay-Z）收购了流媒体音乐服务商潮汐（TIDAL）并重新推出该服务商。潮汐的服务旨在为音乐家提供更高的版税，比其他的服务商提供得都要高，同时帮助成千上万的小的音乐从业者讨还他们被声田（Spotify）、潘多拉（Pandora）和苹果（Apple）音乐服务商拿走的用以生活的收入。像麦当娜（Madonna）、碧昂斯（Beyoncé）和蕾哈娜（Rihanna）这样的热门歌手将自己的影响力抛之脑后参与进来，迫使唱片公司支持这些不太知名的音乐家展开这些谈判并使其能够获得更好的版税收入。这是一项利他性的工作，其象征符号本来是纳什维尔的那位因首次上传的歌曲获得可观利益而辞去轮班服务员工作的音乐家。而之后，这场运动的象征符号变成了 16 位名人搭档在肖恩·科里·卡特的汉普顿大院举行的“秘密”会议。但是这个会议的内容并不引人入胜，也不具有共情性，因此时至今日，潮汐的用户仅占各大流媒体音乐服务商中的一小部分。

杰西潘尼（JCPenney）的首席执行官罗恩·约翰逊（Ron Johnson）在 2011 年刚加入公司之前，在其任职过的苹果公司和塔吉特（Target，美国第二大零售百货集团）公司都取得了骄人的成就。杰西潘尼公司曾以销售家用品和童装闻名，但是后来陷入经济困境，在管理改革中迷失了企业方向，而新任执行官上任后要做的第一件事就是制定新的战略，以统一定价这样一个象征符号重塑品牌形象。新形象基本上就是“我们会坚持低廉的成本价”。然而，客户对于杰西潘尼公司屡有诟病，而他们选择其对手品牌的产品的原因不仅集中在成本问题上，还体现在营销方式上。事实上，许多客户更喜欢杰西潘尼之前的营销方式，降低价格销售会让一些商场失去营销的动力。杰西潘尼公司遇到的更大的问题，是消费者认为杰西潘尼的设计无法满足他们对于时髦衣服的需求。实际上，杰西潘尼公司在推出统一定价的同时，也重新设计了自己的店铺，并雇用了如琼·多兰（Joe's 品牌创始人）这样的高端设计师，但是他们并未将这些作为宣传的先导内容。其实，在塔吉特公司立场摇摆不定时，杰西潘尼本可以借机创造出一个能代表更好消费体验的象征符号。正如哈佛商学院市场营销专家拉吉夫·拉尔（Rajiv Lal）在接受《哈佛商学院实战新知》杂志采访时所说："不管怎样，总要有人站出来，提出一个全新的改进策略。但是现在，各种干扰因素让人心烦意乱而策略却还未现身。这对于一家曾声名赫赫的零售商、对那里面成千上万的员工来讲，算得上是个十分糟糕的坏消息。[1]"如果杰西潘尼能够根据有关客户需求的那份清单，对自己的符号做出测试，那他们就会发现，可以尝试的方法有许多。

如何找到自己的符号

当你用诸如"我对罪犯很严厉""忠诚深深镌刻在我的名字里"这样的话去说服别人时，想象一下，也许别人会反问："那你会怎么做呢？"这就使得你要开始思考如何才能清晰地展现自己

1 吉姆·艾斯纳（Jim Aisner）：《杰西潘尼公司发生了什么问题？》（*What Went Wrong at JCPenney*？），《哈佛商学院实践新知》（2013.8）。

的价值。

“希尔顿酒店关心您居住得是否舒适。”

那你会怎么做呢？

“您可以在办理入住手续时自行挑选睡觉的枕头。”

相比希尔顿酒店说的“我们关心您居住得是否舒适”，那个枕头能更好地展现了酒店对于入住客户舒适度的关注。

在理想状况下，你希望找到一个象征符号、一种象征性的姿态或是视觉上的语言来强调你的每一个观点以及主导叙事。想做到这一点，你先要回顾一下自己的主导叙事和三大观点，然后回答下列问题：

1. 什么样的象征符号或视觉表现最能说明你想要表达的主题或观点？以下是可供参考的一些灵感。

A. 如果你想要改变别人对你、你的品牌或公司的看法。

你希望目标受众看到怎样的画面？如果你想改变他们的想法，那说明他们看到的很有可能是非常消极的画面。如果你的公司是一家刚刚遭遇了食品安全恐慌事件的餐馆，那么顾客对你的公司的印象会是怎样的呢？是食物中毒后住院治疗的顾客、腐烂了的食材，还是厨房中东奔西跑的老鼠？你需要确切地知道顾客脑中形成的图像是怎样的，然后才能着手构建取代这一图像的其他图像。在这个例子中，食品安全性是怎样的？厨房是否洁净？食材是否新鲜？一起吃饭的是一家人吗？母亲有没有喂孩子吃饭？父母是不是选择了在这个餐馆举办孩子的生日宴会？将所有要素具体化，然后用文字描绘出那个画面。

B. 如果你想要创建的画面之前并不存在。

你正在推出一个全新的产品。你是个创业者，并且更具挑战性的是，你正在推出的是与人们之前使用过的产品全然不同的新产品。你的象征符号是什么？这里有一些思路可供你借鉴：你想解决的问题是什么？可以想想 Venmo 支付软件这个例子。Venmo 是一种全新的支付方式，而金钱是最能引起人们焦虑的东西。因此，Venmo 就制作了他们的象征符号 emoji 表情包，使得支付成了一种个性化且极具友好性的活动，让焦虑消失无踪。再思考一下，如果你新搬进一栋房子，发现上任房主把院子弄得脏乱不堪、杂草丛生、垃圾遍地。那么相比他，你的符号也许就会是精致修剪的草坪或保养得很好的窗框。如果你要推出一个新产品，那么这个产品能解决什么样的问题？最近在我们公司就采用了一个新的报销系统，支持手机支付。那么是什么使得我们愿意使用这个报销系统呢？是长途出差回到办公室后还要努力整理、扫描的那些皱巴巴的收据，是它们使我们愿意使用新的报销系统。这样，就不再需要收据了。这样整洁的画面让这个系统得以使用。

2. 什么样的象征性姿态可以帮助你强调自己的观点？你如何定义自己的象征性姿态？它是什么或者可能是什么？

A. 如果你正在改变别人对你的看法，那么你近期采取或可能采取的行动是什么？还是用上面那个例子，假如你新搬进一栋房子里，并且想打破之前的房主塑造出的那个总是草草打理庭院的形象，那么一个极佳的象征性姿态将会是一张手写的便条，让邻居们知道你是多么钦慕他们院子里的草坪并且希望得到他们的建议，如何才能让院子里的草坪像他们家的那样整齐洁净。

B. 如果是首次尝试确立自己的立场，那么就思考一下已经采取了的或是可能会采取的行动。这些行动将会对你的观点做出进一步的说明。2012 年美国奥斯卡健保公司（Oscar Health Insurance）刚刚成立时，它们给每位新会员都送去了一只 Fitbit 健身手环。如果会员每天行走步数达到一万步，公司就会提供产品购买折扣。这就是一个象征性的姿态，表达的内容是“您与我们在健康状况问题上建立了伙伴关系，而我们会对此给予奖励”。这比单薄的话语更具沟通成效。

归根结底，图片胜过千言万语。我们用视觉信息表达自己观点、强调自己信息的能力越强，图片所产生的影响力就越强。这是因为通常情况下，与我们如影随形的更多的会是负面的形象，而我们的说服工作就是要用正面形象替代负面形象。改变原有的叙事，翻开崭新的一页。

第八章　对文字的洞察力

讲故事是当今世界中最有力的思想传播方式。

——罗伯特·麦基（Robert McKee）

故事是我们进行信息处理和记忆的主要方式，也是最强大的工具之一。我们讨论的每一件事（将信息简化为由三个观点支撑的一件事，并以合理化的证据进行佐证，然后从中组织出你的故事）都是一个工具，目的是让受众能够更容易地记住你的故事。我们努力做的事就是要留下长久的印记。随着时间推移，让目标受众仍能记住我们讲的故事。想想看：一周过后，再有人跟你谈起《高效说服力》这本书，说服过程的九大步骤你可能只能模模糊糊地记得，但是那些我随机分享的案例，你也许能几乎一字不差地复述出来。你能够告诉你的朋友们，那家制药公司是如何重塑自己品牌的，告诉他们我的职业生涯是如何展开的。那些故事的开始、发展以及结局成了你记忆中零散的片段，甚至可能会让你终身难忘。故事会让事实“黏糊”起来，也就是说，会让人难以忘记。只有当你的地位、品牌或产品做到令人难忘时，你的受众才会成为你的公关助手，帮助你推动工作进一步展开，助你走红。因此，可记忆性是高效说服的关键要素之一。

当下对于品牌和企业而言，讲故事是很重要的大事。这样说是有充分理由的。最近我有机会与《用故事打开对话》（*Lead with a Story*）的作者保罗·史密斯（Paul Smith）进行了一次交谈。他向我讲述了故事的重要性。保罗说道："讲故事能够让别人更牢固地记住你告诉他们的事情。它使得你的买家或受众能有时间放松地倾听你的意见，而不是陷入对话语的批判性评价中，因此它能够帮助你建立牢不可破的关系。故事是具有感染力的，人们能够传播故事，却不会传播备忘录或是 PPT 演示文稿。"我简直太同意保罗的话了。

有时候，人们会误解我们缺少真诚性，只是在吹嘘自己，于是我们会无法表达自己的观点，而讲故事的本意就是帮助我们展现这些观点。比如，"我对你心怀好意"或"我是一个伟大的母亲"。

在本章中，你将会学习到如何构建强大的故事体系。当你拥有了强大的故事后，你的说服计划就可以确定下来了，然后你的受众也会感到更加放松与投入。即使人们想要退缩，故事也始终陪伴在你身边。当你确信故事可以推动你的论点进一步发展，使你说的内容更具趣味性、吸引力和相关性时，你就可以做到随时回到自己的故事中来了。

我有一个从事了多年护士工作的朋友。她觉得压力很大，因此想要考取更高的学位。之后她成为一名执业护师，换了一栋更大的房子，实现了自己的美国梦。但是，她过得很不开心。岁月无情流逝，她没有时间待在家里享受自己的新房子，健康方面也亮起了“红灯”。于是她意识到，自己应该回到之前的医院工作。她需要说服自己的老东家接受自己的回归。但是，她先前任职的医院对于她的离职还是心存芥蒂。想要去除这种芥蒂，她必须给出强有力的理由。于是我鼓励她通过讲故事的方式支持自己的主导叙事：为实现更好的服务，以退为进。

她说：“我怀念自己在这里工作的时候办公室里冰箱的模样。”这就很好地打开了一个突破口，吸引了人们的注意力。“是真的。我记得当时我的冰箱上贴满了病人寄来的各个花店的感谢卡。每天早上上班前和晚上下班时看到这些卡片，我都会露出幸福的笑容。而换了新工作之后，我无法长期护理一个病人，每次和病人相处 15 分钟就要把他们送走。所以，我非常想念在这里时建立的那种感情。”

这个故事中的核心符号就是满满地贴在冰箱上的花店卡片。而这个故事想要表达的就是：“我出色地完成了工作；病人很喜欢我。”她无须明确说出来，故事本身已经表现出来了。同样，这个故事也令人难忘且属于视觉化表达。

想要成功说服他人，你的故事必须遵循一定的公式。故事的开头应该是一个引人入胜的引子，然后再用一种具有刺激性的方式讲述你的故事。这样你的受众就会注意到你，就像我的那个护士朋友讲述了她对冰箱的思念那样。成功的故事的第二部分应该表达情感诉求。你需要回到受众的核心价值观和情感需求上，然后再找到一个能够触发受众情感的故事。故事的结尾应该是能够重申你的依据的可扩展性的事实。

下面要说的这个案例是我在业内最喜欢的一个故事：怎样才能毁掉一辆丰田汽车？几年前，英国《疯狂汽车秀》(*Top Gear*)栏目就曾在节目中试图毁掉一辆丰田皮卡。他们在海水涨潮时将汽车绑好沉入海底，在高盐度的海水中浸泡了8小时后，他们把皮卡拉上岸，车仍可以启动。然后，他们又用破坏球砸皮卡，车依旧可以启动。之后，他们用火烧车，让其燃烧了一段时间后，车还是可以启动起来。最后，他们把车停在一座将被炸药轰炸的建筑物里。建筑物高达70多米,等他们从建筑瓦砾中找到皮卡后，发现车依旧可以启动。虽然我们的客户不会让自己的丰田汽车历经上述破坏，但是我们希望他们知道，即使面临这些挑战，我们制造出的丰田汽车也能够从中存活下来。过去20年在美国售出的所有车型的丰田汽车，有80%仍在路上行驶。

这个故事是通过一个违反常规的陈述展开的，吸引了受众的注意力，这也解决了受众的障碍问题以及核心价值观问题。然后，这辆车就成了故事的主角。在它不断遭遇挑战的过程中，受众也不知不觉地为这辆车鼓掌加油。但是真正让这个故事如此完美的，是他们并没有在证明丰田汽车历经磨难仍可启动后就此打住。如果他们那样做，那么消费者可能就会问："好吧，你就是想说这辆车吗？你到底想表达什么？"而这也就是他们要在后面加上过去20年售出的丰田汽车有80%仍在路上行驶这样一个事实的原因。这两者是相互佐证的，具有相关性且可扩展开来。它所讲述的是一个更为宏大的故事。

总结来说，要想故事取得成效，必须包含四大要素：

1. 受众对故事有兴趣。

2. 故事与我们在第三章中所讨论的核心情感有所联系。

3. 具有相关性。

4. 具有可扩展性，也就是说，故事必须能展现出你正在尝试的更宏大的那一面。

现在我要将上面四个要素依次分解，同时我会分享与之有关联的故事，当然也会有一些没有什么联系的故事。

你感兴趣并不代表他们也感兴趣

几年前，印度发起了一项水资源倡议，之后一家饮料公司找到了我们。他们希望将“到2025年实现水平衡”作为公司的三大观点之一。刚开始我想不通：一家苏打水公司怎么能做到水平衡呢？但后来我了解到这家公司还拥有其他几个更注重健康的品牌后我就想通了。而现在我们所面临的问题是：如何让受众关心该公司的水平衡承诺，以及相比其他可持续发展性更弱的公司，如何让人们在对比后选择该公司的产品。

因此，我们开始与该饮料公司的员工见面、收集相关证据并展开我们的说服工作。我们从该公司旗下薯片品牌的员工那里得知，该公司实际上在中国和美国都种植了大量土豆。他们发现在油炸土豆的过程中会产生大量的水分，而这些水可以在工厂中重复使用，这样工厂就无须使用额外的水来制作薯片了。

这个故事具有趣味性、智慧性以及反常规性。首先，人们不会把土豆和苏打水联系在一起。其次，人们也不会认为饮料公司会有办法在自己的生产流程中生产水，而这家公司却想到了方法。

另一个例子来自我的一个同事。有一次，他在一家汽车厂的车间里散步，注意到里面所有人都戴着防汗带。于是他询问："为什么每个人都戴着防汗带呢？"那里面的人回答："是这样的，我们用防汗带挡住手表和婚戒，这样在工作过程中就不会刮到车了。"

我的同事说："为什么你们不用这个故事来表明你们公司对于质量的重视呢？"

他们回答："因为每个汽车制造商都是这么做的。这一点都不新鲜，也没什么趣味性。"

我的同事反驳道："但是你们现在想要说明的是你们对于细节的关注，并且其他人实际上并不知道这是汽车制造厂里常见的做法。如果你讲述了这个故事，那你就能通过它赢得声誉。"

不要因为认为某个故事显而易见就拒绝讲述那个故事，客户经常会因为觉得大家都知道某个故事而不愿意分享。但要记住的是，你要做的是试图说服人们相信一些他们还不知道的事情，将那些你认为理所当然的想法告诉他们实际上也是十分重要的。

当你要说服别人时，有两种情况。一种情况是对方对你一无所知，而另一种情况则是对方对你的看法与你对自己的看法不匹配。任何你认为大家理所应当知道的故事，都应该可以成为利用的对象。你需要确认的不是你自己是否认为故事有趣，而是说服对象之前是否有过这种经历或之前是否听过类似的故事。

对一个政治家来说，他想要的是一个能够成为选民与自己之间的连接点的故事，能够让选民联想到：我们都一样，我也有一个孙子，我也很努力地工作想要让生活能有所改变。因此故事的连接应该是双向的。它并不一定要具有启示性，但却必须是真实的且与说服目的相关的。罗纳德·里根是有史以来首位在国情咨文中提及公民个人的总统。他说："我是在路上遇到那个人的，他就是我们誓与饥饿抗争的原因；而他则是我们坚决向毒品宣战的理由。"现在这已经成为各个公司效仿的标准了——因为它的确是有效的。但是我们需要提醒客户：必须要注意，不能生搬硬套故事。故事应该是真实的。

如果你想要说服别人为你工作，让他们相信你的公司很棒，那么还有什么方法比讲故事更有效果的呢？如果你知道那个人有孩子，那你可以讲述一个有关你们公司如何帮助员工实现家庭与工作平衡的故事；或是大厅工位上的那个员工之所以不在上班，是因为她去参加女儿的独奏演出了；再或者是老板每晚 6 点会准时下班，和孩子们共进晚餐后再回到公司。通过这些故事，你想表达的是你们公司是一个家庭友好型的工作场所。这不是为了讲故事而讲故事，而是要通过故事来说明你的观点、加强你的主导叙事和三大观点。

故事是你日常生活中稀松平常的一部分，但这并不意味着受众就一定会对此感到无聊。故事让生活中的一切都生动了起来。

核心情感

为了能实现有效的说服，所有的故事都应融入一个核心情感。而融入核心情感的方式就是遵循千百年来发展起来的某些规则。这些规则能帮助我们达成令人满意的结果。从亚里士多德的《诗学》（*Poetics*）到约瑟尔·坎贝尔（Joseph Campbell）的《千面英雄》（*The Hero with a Thousand Faces*），很多书里都描写了受众所期待的那种可以引起自己共鸣的主导叙事。故事应该是连贯有序的，包含了开头、发展过程和结尾，同时也应有故事的主角并描写其朝着明确目标奋斗、战胜艰难险阻的过程。但是，说到说服力，我们还需要注意几个关键问题。

首个关键问题是，你的表达必须明确。如果某家制药公司说，“我们治愈疾病”，那意思就很模糊、很难让人建立联系。但是，如果他们这样说，“这位男子是艾滋病携带者，而他正在庆祝自己的八十大寿”，或是“这是一位患有癌症的女性，但是她可以亲眼见证自己三个孩子的成长过程”，再或是“有了我们研制出的疫苗，这个孩子就不会染上麻疹”，那么受众就能够从病人身上看到自己万一患病后的康复模样。如果说你表述的是一个没有疾病的世界，那就显得太过野心勃勃、不切实际了，同时，也违背了说服是以循序渐进的方式改变他人的想法这一重要理念。如果你表达“我们将 80% 的科研力量集中在解决最令我们恐惧的那些疾病上，如癌症、老年痴呆症以及心脏病”，那么你将能获得更好的声誉。

第二个关键问题，要决定故事中的主角。是你、是公司，还是产品？也许一开始并不容易看出问题的答案，但是在你选择自己故事的过程中，需要铭记的是：你创造出的那个主角必须能让受众产生共鸣。如果他们能在主角身上看到自己的影子，那么他们就会认为给主角加油是在为自己鼓劲。这个观点罗伯特·麦基（Robert McKee）在《故事经济学》（*Storynomics*）中就有提及。在选择故事时，你得知道故事的特色并不一定是你或你的公司。事实上，并非所有故事都必须遵循同一个模式。当然，你讲述的故事中一定要有关于你自己的内容，但是你也需要讲述一些与他人有关或是来源于他人的故事，否则你的故事就会受到很大的限制。

然后就要决定谁是主角。比如，我们在为P制药保健公司工作时，就发现决定谁来讲述故事与故事内容本身具有同等的重要性。我们发现，员工提供的信息就比高管提供的信息具有更强的说服力。

第三个关键问题，要回归到受众的障碍和价值观上。当你在说“发明推动我们前进”一类的话时，你关注的对象就是你自己，因而受众也会认为你只关心自己，障碍就无法消除。如果受众认为你最大的问题是贪婪、只顾利润，那么他们就会拒绝听你说话。如果别人告诉我们的某件事与我们原本相信的事完全对立，那么我们的大脑就会拒绝听从外界的劝说。

对于P制药保健公司来说，建立这种情感上的联系至关重要，因此，我们需要以品牌的人性化故事作为自己的开场白，而我们的主导叙事就是“寻找治疗方法，让你的生活中岁月更长、让你的岁月里生活更多”。我们讲述的是一个小男孩的故事。他在新泽西长大，之后成为一名化学家，然后在其家乡的松林荒原中发明了一种抗生素。

相关性

电影《飞机、火车和汽车》(*Planes, Trains and Automobiles*)中，史蒂夫·马丁对约翰·坎迪说:“你知道吗，在听你讲这些小故事的过程中,我想到了一个好主意:说重点。这会让听众更感兴趣！”听来有趣，但说得的确不错。我们讲述的故事的结尾似乎都是毫无意义的。

我们经常会走访一些公司。这些公司的共同点在于讲述的故事令人惊叹，并且可以通过丰富的案例和趣闻逸事来展现公司的特点与立场。但是如果这些公司不能结合我们在第五章和第六章讲述的内容，即回归到受众的需求、价值观和障碍上，那他们也无法达成自己的目标。

好时（Hershey）糖果公司就希望避免这种情况的发生。他们公司在非洲发起的那项营养计划让人鼓掌叫好。他们希望不再出现数百万孩子因为营养不良而只能待在家中的情况。这是很明智的想法。并且我们意识到，想要达成这种期许，好时公司需要用自己的故事打开对话:“20 世纪初，米尔顿·赫希（Milton

Hershey）在宾夕法尼亚州开办了一所学校资助贫困儿童；在之后的岁月里这一举措被不断效仿着。”从他们在圣路易斯发起的“背包计划”到他们与“抗击饥饿”组织的合作，我们要确保好时公司在其演讲中的每个点都是围绕那些待在家中的孩子。而该公司在非洲的工作也应被看作是好时公司关注儿童这一故事的最新篇章。

几年前在肯塔基州的 AutoCo 汽车公司的工厂里，一位备受爱戴的项目组长被诊断出乳腺癌，所以她不得不请假做乳房切除手术。在手术的前一天，厂里超过 90% 的小组员工和管理人员都穿上了粉色衬衫、扎上了粉色丝带向她表示来自同事的支持。他们希望这位组长能够知道，AutoCo 汽车公司的所有人都心系她的健康，并且会与她共同对抗癌症。直到今天，小组成员们仍能记起当时的那种感动。

是的，这的确是一个非常具有感染力的故事，但是这与我们的说服目的并无关系。AutoCo 公司生产汽车的目的，是使消费者能享受到更好的生活。可是如果你想说服别人相信 AutoCo 汽车公司是个很好的工作场所，情况就不一样了，而项目组长的案例就会是一个十分好的叙述案例，是一个引人入胜的故事。但是这个故事也许并不能够帮助你达成说服目标，原因是它未能形成一个支撑或主导叙事。

我这里有一个讲相关性的例子。在我们和 AutoCo 汽车公司合作构建他们的第三个观点时，我们发现人们并不了解该公司在社区服务方面做的工作。于是，我们希望能找到合适的故事强调该公司在这一领域的付出。Auto 汽车公司向小企业和非营利组织分享他们的专业知识、帮助应急救援人员提高工作效率并加快灾后重建的步伐。然后，我们所讲述的故事是这样的：

“AutoCo 汽车公司相信，只有繁荣发展的社区才能惠及所有消费者，因此我们与需要获得外部支持的北美组织们分享了我们的专业知识。例如，一家小型管道和零件制造企业的市场正不断被国外公司抢夺，因此该公司需要重新做出安排，降低劳动力成本，否则公司将面临倒闭的危机。于是我们让自己公司的工程师与这个公司合作以提高生产效率、降低成本、提高产品质量并实现零裁员。

“现在 AutoCo 汽车公司不断壮大，产品远销 100 多个国家。而这家公司只是我们正在帮助的 20 多家公司中的一个。我们承诺每年帮助的公司数量要达到 40 家。”

这个故事更有力地回答了受众提出的那个问题：为什么我要关心你说了什么呢？因为 AutoCo 汽车公司正在帮助美国人保住工作岗位。这也让消费者感同身受，觉得自己仿佛也赢得了一场期待中的胜利。

可扩展性

但是，把讲故事作为说服手段时还需要注意：故事必须具有可扩展性，并且能够反映受众认为真正重要的东西。举例来说，我们有很多客户都是制药公司。他们想要讲述的故事往往都令人痛心，大多数故事是病人在临床试验中克服千难万险只为活下来。但我们在测试这些故事时发现，人们总是会问:“你说的只是病人吗？还是说这是以小见大，暗含更深的含义？”

还记得2009年时，我们谈论过一家银行，其正在进行某社区的重塑工作，而该社区曾有很多无法赎回的房屋。银行设定了一个志愿服务日，那一天员工们会进入社区帮助翻修那些遭到破坏的遗弃房屋。有趣的是，我发现当我们的焦点小组在讲述这个故事时，人们会这样反馈:“银行这是想要借员工的行为让自己获得好名声吗？他们的员工一定感到十分难过，要为这么个公司去干这件事。”

所以我们应该这样说:“我们承诺会帮助所有失去房子的人找到新房子。我们在全国各地都设立了办事处来安置没有地方住的人。

这里还有一个故事。罗杰·约翰逊（Roger Johnson）曾在伊拉克服役。他结束服役回家时，国内利率很低，于是他通过融资实现了自己的美国梦。但是后来他旧病复发，无法继续之前的高薪工作，因而无力偿还贷款。幸亏有我们银行提供的再融资计划和房屋安置服务。我们给罗杰和他的家人找到了一处新住所，离他的新工作地点很近。到目前为止，今年我们已经帮助了1.7万人重回家中。”这个故事使得叙事显得更加有力。

对于AutoCo汽车公司来说，我们可以说“我们是首家推出可调节后座的公司”，但是这与消费者又有什么联系呢？相反，如果我们说："我们公司所有的工程师都会用两年时间上路学习如何使用我们公司生产的汽车。这款汽车的生产凝聚着 7000 名工程师的心力。"相比单单一个故事，这样的叙事听来更具说服力。

对于 P 制药保健公司来说，我们知道自己必须表达出这样的内容："这个病人现在已经被治愈了，并且目前已有 7.3 万人参与了 400 个临床试验。"于是，那个治愈了的病人就不仅仅是一次性的象征，而是会成为真实且有意义的存在。

现在我们可以再思考一下前面提到的美国穆斯林的那个例子。如果我告诉你一个关于第三代穆斯林退伍军人的美丽的故事，那你就可以对我说："他只是美国穆斯林群体中的一员而已。能证明什么呢？"但是如果我告诉你："事实上，美国现役军人中有一万名是穆斯林，而他们中的一个是我的朋友。他是这个国家的第三代公民。他有三个孩子。他之所以选择参军是因为在'9·11 事件'后，他为自己的国家被笼罩在威胁中感到难过，因此下定决心应召入伍。"现在我们已经找到了一个故事，既包含了安全性这一主题，又提及了美国穆斯林参军这一依据。于是，这个故事也就有了能引起人们注意的开头、发展与结局。然后这个故事就可以用于辩论了。

我一直都知道，如果在以民主党为中心的纽约市，我说出"对特朗普支持者特性的描述有失偏颇。让我来给你讲讲我哥哥的故事"这样的话，人们就会问我："好吧，你知道你哥哥是什么样的人，但是其他人呢？你了解吗？"而如果换个说法，就会更具说服力了——“过去三年里，我和上万个支持特朗普的人进行了对话。我发现他们想要的东西和你想要的是一样的：工作和希望。比如，我的哥哥就经历过漫长的困难时期。金融危机严重影响了他的职业生涯。他丧失了希望，而且真实地感受到了被大多数政客排斥和遗忘的那种痛苦。是唐纳德·特朗普给他带来了希望。我知道现在全国各地有几十万人都深陷同样的境地。无论是住所在倒闭的工厂周围还是工作的工厂倒闭了，都是一样的。如果我们不听听这些人说的话，那我们就太过愚蠢了。支持特朗普不会让他们变成坏人，而是可以让他们真正享受到人的待遇。”

如果我想说服民主党人接触支持特朗普的那些选民，并试着同情他们、真正满足他们的需求以及消除他们的障碍，那么我应该告诉他们要更多地关注就业问题。他们就会想到像我哥哥那样的人，然后就会告诉选民们，为什么民主党的方式能够更好地为他们提供就业机会。

获胜者

7-11 便利店曾找到我们公司，希望我们帮助他们说服人们来到他们的便利店购买新鲜三明治，而 7-11 便利店是以包装和加工食品而闻名的地方。该便利店联系了当地的商贩，希望在 7 点 11 分开始售卖三明治，但是他们缺少说服顾客的象征符号和故事。映入我们眼帘的象征符号就是三明治包装袋上的那个标志。上面写着：今早制作，到期时间 ___，同时还附上了制作三明治的当地农民的名字。我们需要讲述的就是当地人制作三明治的故事，用以反驳消费者觉得这些三明治是由工厂加工的，或是在四天以前制作出来的这样一种认知。而当地的农民就成了我们这场运动的代言人。

下面要讲的是另一个例子。欧莱雅（L'Oréal）化妆品公司希望告诉消费者，公司旗下的一些较小的精品品牌以及整个公司内部都是存在着企业家精神的。这种信息的传递有助于吸引到更多的新客户，同时也能够激励员工的工作热情。因此，公司选择旗下某一品牌的创始人丽莎·普莱斯（Lisa Price）作为欧莱雅品牌的代言人。普莱斯女士在布鲁克林的家中创办了自己的公司、研制出了自己的乳液和护发产品并把这些产品卖给街坊。在公司发布的视频广告中，仍供职于欧莱雅公司的普莱斯女士正在欧莱雅的纽约办事处里乘坐自动扶梯，然后出现了一张张图片，依次是普莱斯站在厨房的炉子边、依偎在母亲身边，最后是她参加奥普拉（Oprah）节目的画面。随后，摄像机转向了一座奖杯，是纪念欧莱雅公司 2014 年年底收购卡罗尔的女儿（Carol's Daughter）这一品牌的。在这段流传于各社交媒体的视频中，我们还听到普莱斯女士说了这样一句话："我真的看到自己的梦想成真了。"欧莱雅公司旗下的 Urban Decay、IT Cosmetics 以及 Seed Phytonutrients 这些美妆品牌的创始人也参与到这一计划中，讲述了自己的故事。欧莱雅品牌的首席传播官马修·迪吉罗拉莫（Matthew DiGirolamo）指出，事实证明，相比其他一些更传统的方式，这些故事所传递的营销信息更为铿锵有力。

结论

无论是参加工作面试，还是支持一个对你而言很重要的议题，或是创建一个品牌，你都应该拥有至少一个奇闻逸事用以证明你的观点、说明你的主导叙事，并丰富与说服对象的对话。怎样才能找到这样的奇闻逸事呢？回到你的主导叙事、证据和象征符号上，然后你就会找到一个只有你自己能讲述出的逸事，独一无二。虽然这听来有些极端，但是保罗·史密斯也这样说过："你需要掌握数百个故事，就像箭袋里要放上很多支箭一样，然后随时准备好根据不同的情况讲述恰当的故事。"

你现在需要做的就是要练习如何挑选故事。记住，我们的练习是以故事为基础的而不是以事实为基础的。我们可并不会围着篝火互相分享事实。你要做的是根据上述步骤，核实自己的主导叙事和每一个依据，然后找出那个最能说明你论点的故事。有时故事讲述的是你如何做出决定更换工作；有时讲述的是你如何帮助他人完成了一个类似的挑战；有时则是说明你对社区做出的承诺。为了让别人记住你的主导叙事，你知道你要讲的那个属于自己的真实故事是什么了吗？

5 提升

第九章　提高说服力

重要的不是你说了什么，而是他们听到了什么。

——马斯兰斯基联合公司

现在你的说服草案已经有了，这会是你的基础和一切行动的出发点。但是，只有在知道了人们会做出何种反应，以及应该怎样使用它之后，这个说服计划才能发挥更大的作用。我多次看到人们因为不知道上述两个问题的答案而无法达成说服目标。现在，你已经知道了这些信息并经过了练习，所以已经准备就绪了。是时候开始说服你测试圈之外的人了。但是测试后你却沮丧地发现，一切都以失败告终。

最近我看了一位首席执行官的早间采访。显然，这位首席执行官有自己的论点，并且他认为用这些论点就可以说服消费者重新选择自己的品牌、投资者重新投资自己的公司。显而易见，他的主导叙事观点就是他的食品公司具有创新性。无论主持人问他什么问题，他都会回答："我们会做出创新，然后就可以提供更美味的食物。”观看他的采访让我觉得很不舒服。我不知道他接受采访前是否做好了准备，或者他是否是因为没有得到公司法务团队的允许，所以才无法谈论创新之外的一些事情，但是毫无疑问，他的采访简直是一场灾难。一段时间后，我在谷歌上搜索他的名字时发现，他已经不再是那家公司的首席执行官了。

这个故事的重点就是，白纸上写出的说服计划仅仅是计划。你无法知道纸上写的那些话经过你的嘴说出来会产生什么样的效果；你也不知道目标受众会有怎样的反应；你甚至不知道会出现什么新的问题。这就是我们在这一阶段一直要不断练习，进行角色扮演、模拟、测试以及润色的原因。你可以根据自己的喜好定义这一阶段的工作，但是你必须确保你所想出的这些信息能够带来你想要的效果。我给你的建议是：有足够预算的话，就打电话找我吧。我很乐意为你提供帮助。

不想找我的话，你也可以寻求其他公司的帮助。如果你没有任何预算，那么你还可以找三五个真正意义上能代表你的目标受众的人，询问他们你们是否可以喝杯咖啡或是共进午餐，然后他们就能告诉你一些想法。如果你想要寻找自己圈子以外的人，那么你可以利用社交媒体，这会给你很大的帮助。你可以在网上刊登一份启事，说明你正在寻找一些符合条件的人进行会面或是对话，比如，“现寻家中有学龄儿童的妇女，年龄在 55 岁到 60 岁范围内”。我保证，哪怕你自己一个符合条件的人都不认识，你认识的人中也一定会有能帮助到你的人。

你也可以考虑询问与你的目标受众志趣相投的某个朋友的看

法，问问他们是否愿意帮助你进行角色扮演。假设你想要说服亲戚不要给孩子太多的礼物，特定年龄段的朋友或同事可能就会帮助你从他们的角度思考问题，然后进一步完善你的观点。

这就仿佛是在修建马路前了解其所用材料一样。尽管我们已经尽自己所能做好了准备，但是只有等我们看到自己传达的信息成了现实，我们才能够真正理解该怎样把这些信息落到实处。

在房间里寻找钥匙

曾有一家医疗器械公司雇用我们说服心脏外科医生改用新的瓣膜置换术。在这家公司推出新的瓣膜之前，市场上只有天然心脏瓣膜和机械心脏瓣膜两种产品。两者各有优缺点。天然心脏瓣膜通常是用牛或猪的心脏制成的，因此磨损速度很快，大约每十年就需要再做手术更换一次。而机械心脏瓣膜的使用寿命会更长，只是患者的余生都必须使用血液稀释剂，但是使用这种稀释剂是具有风险的。

这家公司正在推广的是一种创新型心脏瓣膜，不会磨损也不需要使用血液稀释剂，还有权威的研究为其保驾护航，它的出现完全改变了心脏瓣膜界的游戏规则。我们认为该款瓣膜自身的优势就是一种推销，因此我们出门会见潜在购买者时毫无压力、底气十足。但是当我们和外科医生交谈后，他们却毫不犹豫地回答：“不，我们不想要。”

我们的主导叙事和语言表达策略完全失败了。

我们惊讶万分。于是，在完成第三组采访后我们稍事休息，向客户汇报了实际情况。我们一直在讨论，为什么自己的语言表达策略没有达到预期的效果，以及如何突破医生这一难关。医生经过了多年的训练，因此他们似乎比我们了解的多得多。我们倍感处境艰难，最终决定后退一步，试着与医生产生共鸣。为什么他们无法听进我们的话呢？这其中的障碍是什么？我们决定，必须要让医生成为这款瓣膜的推荐者。但是又不可能强迫他们为我们做广告。

新的问题出现了。我们做出的结论是基于我们对医生先入为主的观点。从经验中我们知道了，在做出判断的地方建立具有共鸣性和说服性的语言表达策略是不现实的。那么我们该从哪里建立呢？

于是我们从头开始，强迫自己必须抱有好奇心，然后开始分析新收集到的证据。我们恍然大悟，也许是因为医生畏惧尝试新事物。原来是这样。病人把生命托付给了医生，因此医生不希望在病人身上尝试那些尚未得到证实的、存在风险的东西。

在与医生的沟通过程中，我们表达的内容是：这是全新的、具有创新性的并且能够完全改变瓣膜界游戏规则的心脏瓣膜。听完，医生会觉得这种新瓣膜的安全性是没有得到证实的。而实际上公司对于瓣膜安装方法的便捷性和开关阀门的安全性都信心满满。

我们意识到，我们需要做的是删除所有强调其新颖性的表述，同时还要保证能传达出瓣膜会完全改变患者生活的信息。于是我们重新检查了更改后的语言表达，然后发现当医生听到“突破”

二字时，他们会真正地给出积极的反应。这让我们百思不得其解。于是我们就询问了医生："为什么你们愿意接受突破，却不能接受创新呢？"从他们的回答中我们了解到，尽管青霉素已经不是新出的药物,但是我们现在仍可以称之为"突破性"药物。在医学界，药品或治疗方案可以既具有突破性又具有安全性。

这款心脏瓣膜给心脏手术带来了翻天覆地的变化。你甚至可以认为，之前的一切都在那一刻化为乌有。如果你可以保持好奇心而不是直接放弃，你也许就可以找到暗藏在房间里的那把钥匙了。

策略测试中要问的问题

下面要讲的是当你和说服对象进行沟通时，应该要询问哪些问题。其中要问的大部分问题都是对我们之前各步骤的总结，因此你应该会觉得很熟悉。

底线立场

开始谈话之前，你会想要知道说话对象来自哪里，然后你才能发现他们的真实感受。需要重申的是，在对话过程中，你必须始终保持中立的立场和好奇的态度。

1. 当前的看法。在对话开始之前，你应该先询问对方对于存在的问题、产品或立场的看法。不要对他们的反馈做出批评，而是要认真倾听。

2. 他们为什么会这样想？询问他们这样想的原因。就这个话题，他们有什么经验（如果有的话）？他们听到了什么？什么影响到了他们？他们是从哪里获得信息的？这些信息对他们的日常生活产生了多大的影响？这件事对他们来说有什么重要意义？

他们听到了什么

接下来你要做的就是让他们能听你讲话并不断进行思考。你在说话时可以给他们一张纸，请他们写下自己的所有问题和评论。

让他们充分了解你的说服要点。

然后询问他们下列问题并让他们写下答案，然后你就可以研究他们的回答了。问题如下：

1. 你听到了什么？

不要发表任何评论，而是让对方重复他们在对话中接收的内容。我们在公司里经常会说：重要的不是你说了什么，而是他们听到了什么。因此也许你会发现，你认为自己在说的是一件事而你的受众听到的可能是另一件事。这就是为什么我们说这个阶段的主要任务是探索。在这一过程中发现的一些东西常常会让我们十分吃惊，哪怕有时候就是件很小的事。比如，前一段时间一个资产经理向我寻求帮助。他想谈谈他们制订的投资解决方案。我发现很多人在投资的时候都不喜欢用“解决方案”这个词。为什么呢？因为他们听到“解决方案”这个词时，就会意识到自己遇到了问题。这也就意味着他们理财的方式一直是错的。人们会认为这在某种意义上就是对自己理财观的一种侮辱。此外，投资者还告诉我，解决方案代表的实际上就是一个时间节点上发生的事。但是消费者想要的是能够长期持续下去的东西，他们更愿意听到的词是策略。觉得惊讶吗？但事实就是如此。有时候他们想要的东西就是这么微小，但有时候又要庞大得多。

2. 对你来说，这条信息重要吗？如果重要，原因是什么？如果不重要，那重要的又是什么呢？

你想知道的是这条信息是否与你的目标受众有联系。如果这条信息中没有任何有意义的内容，那么受众对此就不会有任何反应。如果他们一周后还能记得其中一些内容，那你就应该觉得十分庆幸了。因此，你一定要确保自己分享的信息不仅对自己而言是重要的，对他们来说也应该是重要的。这一点至关重要。有时候这种微妙的转变就可能让一切都发生变化。例如，你可能会对对方说："我拥有与之匹配的工作经验。"对方也许会觉得你说的话无关紧要。他们等候室里可有 20 个有相关经验的候选者呢。但是如果你这样说："这件事我以前做过。因此，当我再做一次的时候，您可以完全放手，不必再花任何精力管这件事了。"这句话可能就会带来截然不同的结果。

3. 你行事的不同之处在哪里？这一不同之处会使信息产生什么结果？

真正有说服力的论据能够让某种行为或信仰发生改变。你竭尽全力想要做到的不是实现自己的预期，而是要让受众能实现你的预期。因此当他们将要做的事情与你期望的行动相悖时，你一定要仔细检查。你是否更接近自己的目标了？你在正确的方向上取得进展了吗？如果没有，一定要问问他们是否存在什么障碍。

4. 你学到了什么之前不懂的东西？

我们经常会说人们会以消极的方式解释所有模棱两可的东西。因此，如果某人学习到了新的东西并且这样东西是积极的，那么他很可能就正朝着正确的方向前进。

5. 对你来说，有没有什么词或短语有特殊的意义？积极或是消极的都可以。

让我们来直面这些词或短语吧！特定的词汇会触发特定的反应。举个例子，我之前提过的那个词：潮湿。在所有语境中，我都很讨厌这个词。潮湿松软的蛋糕、湿润的曲奇饼干……弄湿了的任何东西，我都不喜欢。一听到这个词，我就会远远地逃开。同样，你也可以利用最简单的一些术语去触发受众的特定反应。

6. 你听到这个信息后会有什么感觉？

在第三章中我们讨论了变化三角形模型。其中讲到的很重要的一点就是要确保你能够在人们的核心情感上与他们产生共鸣。所以你需要让他们浏览以下内容并进行填空：

A. 我对于______________感到愤怒，原因是______________。

B. 我对于______________感到难过，原因是______________。

C. 我对于______________感到恐惧，原因是______________。

D. 我对于______________感到厌恶，原因是______________。

E. 我对于______________感到愉快，原因是______________。

F. 我对于______________感到兴奋，原因是______________。

G. 我对于______________感到焦虑，原因是______________。

H. 我对于______________感到羞愧，原因是______________。

I. 我对于______________感到内疚，原因是______________。

在他们填写完上述信息，并且已经讨论完他们对你信息的回应之后，一定不要争论也不要反驳。不要试图纠正他们的想法。记住，你的任务是保持好奇心而不是挑剔他们的论点；就算你想要和他们争论，也千万不要这么做。相反，你应该去问问他们为什么会有这样的感觉，或者他们为什么相信自己当前的行事方法，或者为什么他们会做现在正在做的事。记住杰妮·苏瑟博士（Dr. Jenny Susser）说过的那句话：提问有助于大脑中的血液流动顺畅，并使得我们保持好奇心。比如，你在谈论“为什么有些人应该购买这个共同基金而不是另一个”这个问题时，情绪可能并不会太过激动，但是其他的某些话题则会使你非常激动。

现在你已经完成了对受众的采访，所以你得到了一些数据。如果你发现上述问题你都处理得非常好，那么就开始你的下一步工作吧。如果不够好，也没有关系。这是整个说服活动中的关键部分。如果这么简单，那每个人就都可以毫不费力地说服其他人了。你可以回去再修改修改自己的说服计划，更新故事，找到合适的证据，然后做二次检查。

对于有些人来说，这是他们天生就具备的能力；而对于另一些人来说，这种能力的获得则需要练习。但是千万不要气馁。同理心和说服力就像是训练难度很大的那块肌肉。刚开始锻炼时你会觉得很别扭并且一直酸痛难忍，但是最终你一定会成功的。一旦你习得了这种能力，它就会成为你的第二天性。

我们是否抵达了那里

几乎每个月都会出现这种情况：一个客户回来对我们说："我们需要更新我们的信息。"然后我们就必须告诉他们："不，你们的信息无须更新。"

通常会有两种原因让他们觉得是时候更新信息了。第一个原因是事情的进展比他们想象中的慢；第二个原因更常见：他们感到无聊了。于是我们总是会这么说："如果你还没有对分析所得信息这一过程感到厌倦，就说明你甚至还没洞察到其内涵。"

2009 年，果汁品牌纯果乐（Tropicana）聘请了品牌重塑顾问公司阿内尔集团（Arnell Group，现已倒闭）对他们的品牌进行彻底的改革。纯果乐公司花费了 3500 万美元重新设计并推广公司的新包装，但结果却是灾难性的。新的包装看起来很普通，没有什么特色，因此人们都以为纯果乐已经下架了。而更糟糕的是，人们甚至开始怀疑果汁的成分。这是与预期南辕北辙的结果。设计品牌策略的人没有意识到，正如纯果乐包装表现出的那样，纯果乐已经与他们的客户之间建立了牢固的联系。旧的包装就仿佛一个路标，人们一进商店就能看到，然后他们就可以轻松地找到自己信任的产品，纯果乐公司的忠实用户就能得到他们想要的产品。因此，当时并不是做出改变的好时机。

频繁的改变并不能帮助信息的渗透或传播。而重复的价值就在于，你不仅希望别人听到你的声音，而且希望他们能够帮你重复传播这些信息。研究表明，要让说服对象传播你所说的信息，你需要将信息重复三到五遍。只有多次听到你的主导叙事后，他们才能真正记到脑中。

我们都知道在现实生活中怎样才能够做到这一点。当我们想让某人记住某事时，无论我们对于这一事情的态度怎样，我们都会一遍又一遍地重复。比如，“我们走后你别忘了锁门”“饭后记得吃药”或是“写完作业后再玩手机”。就像特朗普的竞选标语一样，我们的说明也都必须简单、清楚且让人难忘，并且我们还要多重复几遍。品牌语言的传播也是如此。

改变信息的时间太早会带来破坏信任的危险。正如摩西·巴尔（Moshe Bar）在其所著的《大脑的预测》（*Predictions in the Brain*）中所说的那样，信任讲的就是简单地做出预测。打破了信任也就意味着你无法满足人们对你的预期。想象一下，如果你的配偶没有询问你的意见就发型大变或是买了辆跑车，是不是就会带来这样一个问题：**等等，你是谁？我本以为我是了解你的，但现在我不太确定了。**能否说服受众取决于能否让受众信任你，所以一定不能丢弃你已经从他们那里赢得的东西。如果你把自己或自己的品牌的可预测性难度加大了，那么你就不太可能获得消费者的青睐。

我们每年都会做一次员工敬业度调查。在两年前的那次调查中，我们得到的反馈是：除了“管理层能及时分享信息”这一项外，我们在其他方面获得的满意度都很高。针对这样的反馈，我们开始更频繁地分享信息。但是仅仅表现出这样的行动还是无法改变人们的看法。我们需要把我们得到的反馈告诉员工。我们需要让团队知道我们听到了他们的声音，并致力于在这方面做出改进。因此迈克尔决定，在每周一的员工会议上，他都会设立“信息及时分享”环节。他并没有说“下面是本周我们将做的事情”，而是说“这是我们需要提前告诉诸位的事情”。每次员工会议迈克尔都会重复这句话。结果不言而喻——那一年，我们在“管理层能及时分享信息”这一项上的满意度从最低值升到了最高值。通过语言的重复，你可以让受众感受到你在认真倾听他们的意见，然后转变就会发生。

不得不做出改变

在本节中，我将介绍人们不得不改变其主导叙事的三个原因：矛盾突然出现、语言演变以及市场过于拥挤而叙事过于平淡。

最常见的一个原因是出现了新的语言雷区或是矛盾警报有了进一步的发展。这可能会出现在你制订说服计划的过程中。其中的一些事情原本是正确的，但之后发生了变化。比如你是一家石油公司，在环境记录表上记录良好。然后你的一艘游艇搁浅了，于是出现了石油泄漏的状况。或者，你是一家髋关节置换器制造商，且安全记录良好，但是某天突然出现了一个检举人散布消息说你生产的置换器有缺陷。如果你的叙事出现了前后矛盾的情况，就必须做出改变。

单词的意思有时候也会随着时间的推移发生变化。比如，我们有一款名为 Wire Tap（两个单词的本意分别是导线和轻拍）的社交媒体数据挖掘软件。我们可以用它来聆听对话，然后发现语言表达的特点。我们在给其命名时只是觉得这两个单词的组合很有意思，但是现在这两个词合并起来却成了“电话窃听”的意思，因此我们就必须要重新考虑这款软件的名字。

最后一种情况是市场可能太过拥挤而你会被淘汰出局。多年前，我们曾与一家金融服务机构进行合作。这个客户希望自己能够在便利性方面脱颖而出。于是我们讨论了他们在全国各处设立分公司的过程。但是手机银行发明出来后，分公司的数量也就无关紧要了。所以最能够引发共鸣的信息应该是“随时随处，银行在你身边”。之后出现了三个竞争对手并且他们给出的信息完全相同：随时，随地。因此，在与银行合作进行二次测试后，我们决定换用一种截然不同的方式来谈论其便利性并且确保其可行性。于是我们最终决定用“以您的安排为准，为您提供服务”这个表述。

我们改变了他们的主导叙事是因为他们希望能够拥有自己独特的空间，但“随时，随地”这种表述已经不再显得那么独一无二了，甚至还有种老生常谈的感觉，跟“何时，何地”这种标语也没多大区别，顾客无法感受到一切都在自己的掌握中。

你完美地完成了自己的工作后，你原有的空间就会变得拥挤。有时候这无关紧要。如果你试图说服人们让同性婚姻合法化而所有人都开始使用你的语言表达，那么你就不会想要改变它，因为这就是你的目标。但是如果你想要卖出一张信用卡，而你房间里的每个人的语言表达都与你一样，那可就糟糕了，因为你想要做的是要显得与众不同。

就其核心而言，故事无须让我们产生共鸣，而是必须要能让我们的目标受众产生共鸣。我们只有通过练习、测试、保持对人们反应的好奇，才能百分百地确定它是否能产生预期的效果。这一步必不可少，和你迄今为止所做的每一步同等重要。你需要将它们都结合起来。说服实际上就像一块肌肉，锻炼这块肌肉需要训练、实践以及不断地重复。但是只要你能坚持下去，你就一定能抵达成功的彼岸。这一切都会是值得的。

第十章　巨大考验：危机中的高效说服力

不要浪费大好的危机。

——温斯顿·丘吉尔（Winston Churchill）

有时，虽然大家的意图是很好的，但是事情还是会出错：你说服别人购买的那个产品是有缺陷的；公司的人做错了事；你一直信赖的某种成分实际是有害的；你不小心点击了“全部回复”，使得你的岳母收到了一封本不该收到的邮件；你的品牌突然被人泼了脏水，然后你恨不得自己能一键求助美剧《丑闻》中的公关处理专家奥莉维亚·波普（Olivia Pope）。

当国内新闻报道一个产品发生了爆炸情况时，你要知道很有可能在 24 小时之前我就已经被电话告知了这个信息。修正记录、修复声誉，这就是我们擅长的工作。我们已经成功将很多品牌从危机边缘拯救回来，而这些危机在当时是十分致命的。

你的第一直觉通常是错的

关键性的第一步是什么？在你做出反应前，你要做的是停下来好好思考一下。我经常对我的客户说，如果你立刻做出了反应，实际上就等同于你没有做出任何反应。成功的反应需要的是冷静沉着，需要从外部视角看待问题。这是你组织自己思路的过程。也就是说，这种情况下，你绝不能陷入一种肾上腺素飙升的恐惧状态。这种状态就是导致所谓“战斗、逃跑或僵住”的原因，肾上腺素的变化会让你陷入上述的三个反应之一，而这三者皆非正确反应。

我走进指挥中心时，房间里总是会有人暗示性地表达“否认、否认、快否认”这种信息。人们总是会对防御性姿态感到厌恶，因此在面对危机时，最糟糕的做法就是否认，然后采取防御性措施。你可以回想一下这种反应在你自己的生活里产生了什么样的作用。如果你的朋友或者伴侣回答“不，我没有”或者“是的，我这样做了，但也没什么大不了的”，或者还有更糟糕的回答——“就是我做的，但相比之前我所做的那些更可怕的事，这都还算好的了。”听完这些回答，你可能会比之前更愤怒。所以很明显这些都不是成功的应对策略。但是客户遇到问题时，首先想到的总是这种处理方法。这些反应所对应的问题都是一样的：忠于冒犯施行者却没有忠于被冒犯者，没有考虑到受到了背叛的情感或价值观。如果不考虑上述内容，那么无论你做出何种回应都不会产生效果。

首先“不，我没做”这句话对于受众而言就是彻头彻尾的侮辱。哪怕现在的事实就是没有问题，也永远不要假装问题从未发生。如果受众认为有问题，那么问题就是存在的。

2010年，帮宝适推出了一款新系列的尿布，叫紫帮（Dry-Max）。这种尿布面料更薄且吸水性达到之前的两倍，但是一些婴儿在刚换用了该系列的产品后却第一次出现了尿布疹。父母当然会把皮疹与换尿布联系起来，于是他们贴出了孩子皮疹的照片。从照片中可以看出，孩子应该是感染了病毒，其中的一些疹子看起来更像是化学烧伤。帮宝适管理层对此的第一反应就是，这不可能是他们尿布的问题。他们测试了400万片尿布，都没有出现皮疹的问题。管理层认为这一定是因为那些孩子还用了什么其他的东西。父母担心自己孩子的健康问题，肯定会想知道谁该为此负责，因此在这种情况下，这种防御性的态度只会加剧父母们的怀疑。

人们很容易就会说出“不，这没发生过”或是“那个员工（或部门）就是个流氓”，但是想象这样一个情形：你回到家中，发现家里的窗帘上全是儿子乱涂乱画的痕迹，而保姆的回答和上面的说法如出一辙。这时你会有怎样的感受？其实你需要的不是她的否认，而是希望能够从她那里听到更多的信息。作为消费者，我们希望公司高层能对手下每个员工的行为和选择负起责任，无论手下的员工是信贷员、做玉米煎饼的人还是空姐，公司都应该为他们负责。

现在再想象一下针对帮宝适指控的不同回应。帮宝适所属的宝洁公司是这样回应的:“看到宝宝长了皮疹实在让人于心不忍。对孩子而言，这一定十分痛苦，对家长来说更是如此。而我们的任务就是要确保我们的产品对您的宝宝和我们自己的宝宝来说都是安全的。这就是我们测试了数以百万计的尿布的原因。我们希望确保我们尿布所用的材料能够为婴儿提供最佳的呵护，确保他们不会因为用了我们公司生产的尿布而患上皮疹或是感到不适。”这就是对事件的一种破局，既承认了消费者看到的事实，同时也解决了公司面临的现实问题。

2010 年 4 月 20 日，石油工业史上最大的海上漏油事件在墨西哥拉开了帷幕。据估计，有超过 490 万桶的石油泄漏到了海湾地区，五个多月后局面才得到控制。事情刚发生时，英国石油公司就石油泄漏发表的声明起到的效果就是适得其反的。他们的反应是不屑一顾，表现出很强的防御性。危机之初，英国石油公司的首席执行官表示，石油的泄漏量“相比庞大的海洋容量来说不值一提”。如果说这还不够糟糕，截至 5 月 30 日，他们的这种言论给公司带来了更大的打击。这位首席执行官还对媒体讲过一句话:“对不起，我们很抱歉石油泄漏使人们的生活环境遭到了巨大的破坏。但是没有人比我更想结束这一切。我也希望我的生活能回归正常。”对此，时任美国总统的奥巴马在接受采访时表示:“如果他（英国石油公司首席执行官）在我手下工作，我一定会解雇他。”

“这没什么大不了”和“它伤害了你但也伤害了我”的这种

回应方式对于我们这些关心野生动植物安危以及生活因此遭到打击的人来说就是一种侮辱。事实上，没人会关心那位首席执行官的生活。人们当然不会相信泄漏的石油量不值一提。人们希望的是事情能够得到解决、公司能够承认错误然后保证这种情况不会再发生。

因此，6 月英国石油公司发起了一场广告宣传活动，并且首席执行官在活动中对此事件进行了致歉。但是该活动遭到了怀疑并受到了批评。虽然也有些人对该首席执行官的道歉表示了赞赏，但是大多数人还是认为这个道歉不真实，是一种公关噱头。他们希望能从这位首席执行官身上看到更多的东西，而不只是这种一次性的道歉。人们想要听到当地人的声音，希望看到他们公司采取了行动处理石油泄漏带来的伤害性后果，并且希望公司能够做出承诺让一切回归正常。而人们的这些希望也就是我们告诉客户需要去做的事情。

很明显，随着时间的推移，英国石油公司也意识到了人们的这些期望。如果你在网上打开 BP（英国石油公司简称）网页，就会发现三年内该公司发布了一百多条道歉信息。他们理解了我们经常对客户说的那句话的真正含义。道歉不能只有一次。你不能只是发布了几条信息然后就期望目的能够达成。必须要不断重复，直到人们对此感到厌恶为止。英国石油公司并不是只让高管发声，他们也让员工采取了一些行动。他们表现出的不再是防御性的和不屑一顾的态度，而是展现自己正在采取行动降低事件影响。他们不再试图表明一切正常并且行动都已完成，而是谈到了他们会做出长期的承诺。虽然还是会有人指责他们的言论和行动，但是没有人会否定他们的影响力。

最后要说的是，“就是我做的，但相比之前我所做的那些更可怕的事，这都还算好的了”的这种解决办法是永远都不会起到作用的，原因在于这种回应完全偏离了问题本身。当你的伴侣说自己不洗碗是因为忘记了，在家里就是完全行不通的。对于品牌来说也是如此。我们曾与某个组织共同工作。该组织向非洲输送了大量的资金，以帮助他们消灭艾滋病毒。但是这却在美国国内引发了问题。美国人对此感到十分不快。我们听到消费者这样抱怨：“等等，他们明明自己在美国国内还有财务上的问题，怎么就跑到非洲去做慈善消灭艾滋病毒了呢？他们到底想干什么？这难道就是高层们的随心所欲吗？他们这样做，就别想获得好名声了。”消费者想知道的只是这家机构到底会采取什么行动，让他们的国内金融机构井然有序地运行。

同样无用的第二本能

对于大多数人来说，错误的第二本能往往隐藏在一系列事实的背后并且旨在更正记录。实际上，我们都达成了自己的目的。当家人指责你忘记把牛奶从商店里带回家时，你就会列出自己在店里购买的所有东西的清单。当你的业务报告呈现出一败涂地的惨状时，你就会列出你所获得的所有新业务。当你的募捐额没有达到目标金额时，你就会列出你负责的所有其他项目的收入来源。

但问题是，尽管你列出的可能都是事实，但是你所列出的那些东西都无法说明当前的问题。这种情况经常会出现在我们的客户身上。因此，我们会告诉他们："事实不会使你自由。"

所以如果你依靠这两种本能做出回应，你要么就选择完全驳回对方的诉求，要么就仅仅依靠事实做出回应，站在边上看看就好。这两种策略所做出的回应针对的都是我们，而不是他们。而这样的错误是致命的。

接下来我会告诉你什么是你应该做的事。直接与受众对话、试图说服他们再次信任你并不是正确的做法。

从他们的角度而非你的角度对问题做出客观评估

我们要通过保持好奇心来保持冷静，就像你在了解自己的目标受众的过程中那样。冷静下来后，你就要回归到同理心这一层面上。我找到了一个能帮助客户保持客观的小窍门，就是在事情有所进展后，假装一切是发生在别人身上的；这样他们就可以尽可能地做出客观的提问。马斯兰斯基联合公司的危机应对方法是以其20多年来的信息测试和收集到的科学证据为基础的，公司执行官迈克尔·马斯兰斯基将危机应对变成了一门科学。最通俗易懂地来讲，这门科学可以落实到三个领域，你需要解决其中的关键问题，首先是：

1. 会产生什么影响？

你需要问的第一个问题是：这场危机产生的影响的个性化程

度和直接程度是怎样的。通过这个问题你就可以知道，你传达的信息应该能在多大程度上引起人们的共情。危机的个性化程度越高，传递的信息就需要在越大程度上引起人们的共情。

这可以追溯到马斯洛的需求层次结构理论，我们在第二章中做过讨论。个性化程度最为严重的侵害是涉及人身安全方面的侵害，比如刹车失灵、髋关节置换器存在缺陷或是大肠杆菌引起的疾病暴发。这些都是消费者认为可能会发生在自己身上的侵害事件，因此在遇到这些问题时，公司必须迅速有力地解决问题。

个性化程度稍轻的是对消费者社区有影响的事件，例如房屋赎回权的取消问题。当地的一家银行分行就遇到过这个问题。如果消费者能够从问题中看到自己的影子，或者想象到自己遇上这个问题会受到什么影响，那么对于这个事件你就必须要做出承认。

个性化程度最低的，是波及人群不在消费者接触范围内的侵犯行为，即那些虽然会困扰到消费者但是又很抽象的问题。比如，一个让公司损失惨重的错误决定，或一个厂址很远的工厂无力支付员工工资。公司当然还是需要对这些问题做出回应，但是由于这些问题对于消费者而言个性化程度较低，因此对于共情的要求也比较低。

2. 为什么利益相关者会对你有所不满？

正如我在本章中提到的帮宝适那个案例中所讲到的，当消费者的权益受到损害，他们需要找到一个责备对象。他们甚至还会考虑到其他人也会遭遇与他们同样的情况，然后很快就他人可能遇到的情况进一步进行责难。他们甚至无须多做思考就能挖掘出一套大企业、你所处行业、你的公司或你的政治立场相关的理念。例如，当顾客由于购买某一产品而使自己的权益遭到侵害时，顾客常常会持续指责公司不顾安全而一心赚取利润。或者当某个大公司侵害到了顾客的利益时，顾客就会认为大公司在滥用自己的权力。在对数百次的危机进行研究后，我们发现有四种不同的负面叙述：你不在乎、你不诚实、你滥用权力或是你让事情变得更糟了。

在面对危机时，理解其中的叙述至关重要。为什么人们会这样指责呢？如果人们主要是指责你不够诚实，那么你就必须集中精力证明自己没有隐瞒任何事情或拒绝提供任何信息。如果指责的是你对客户或环境的关注度不够，你就必须就当下的情境做出回应。在那样的情境下，有些你认为不值一提的小事在受众那里可能就是至关重要的大问题。这是因为受众会把你当下的行为与更大的叙事以及他们过去目睹的类似案例中的最坏情况联系起来。站在他们的视角思考问题，你就能够找到最合适的回应方式，致力于解决他们的担忧而不是让他们觉得你模糊了事件的重点。

3. 你正在采取什么行动解决这场危机？

如果你的航班被取消了或包裹没有按时送达，你一定会致电客服，那么你想得到的回应是什么？很明显，你希望他们能帮助你解决问题。如果他们无法帮助你解决问题，你可能也会希望看到公司正在采取一些行动尝试解决问题。如果公司只是道歉但告诉你他们无法帮助到你，你会有什么感觉？感觉应该不会太好吧？

归根结底，当不好的事情发生时，我们想要知道事件的负责人会做些什么举动。我们需要的是切实可见的行动。正如马斯兰斯基所说的：“展示做了什么总是比光说要强。”

对于英国石油公司来说，能够恢复他们的声誉、重新赢得消费者信任的方法就是到圣路易斯安那州（墨西哥湾沿岸地区）去，然后告诉那里的人们：“是我们造成了这个问题，因此我们会不惜一切代价解决问题。直到泄漏的每一滴油都清理干净、直到该地区恢复往日的模样，我们才会离开。”表达你们的决心后，再告诉他们你们解决问题的具体措施。

AutoCo 汽车公司最终得以重获市场份额，是因为：“我们全力致力于提供安全的产品。这就是我们在所有工厂、在生产的每个环节中都安排了安全要员的缘故。”AutoCo 汽车公司可能一直就是这样做的，所以他们无须采取什么新的行动，但是他们必须证明自己正在采取能够解决问题的行动。

正如我们在第七章中讨论的星巴克案例，霍华德·舒尔茨重任星巴克首席执行官时，星巴克所有门店闭店三小时。这样店里的每个咖啡师就都能学会如何制作出口味完美的咖啡。“我们听到了你们的诉求也尊重你们的担忧，因此我们正在采取能让你们看见的行动重拾你们的信任”，这比单单说“我们会就质量问题做出全新的承诺”要有力得多。

有的时候，你需要根据问题制定新的政策或程序；有的时候，你则需要推出一套全新的计划；而有的时候，什么新的措施都不需要，但是你需要谈谈自己已经做了什么工作，展示自己的关注点以及你对于受众担忧的理解。

保持对故事的专注

最近，有一位著名的肿瘤学家遇到了公关危机，于是他就找到了我。有人毫无根据地指控了这位肿瘤学家，并且在所有指控未经证实的情况下，一家大的报社刊登了这一事件。这位专家不想放低姿态处理这些无稽之谈，因此他直接无视了这篇报道。但是，之后他发现自己的医疗实践受其影响减少了一半，甚至这篇文章还成了谷歌搜索里的头条。他这才醒悟过来，后悔自己竟然没有进行任何反击。

回到本章的开头，对于这一事件，这位肿瘤学家的第一本能就是想要谈论自己病人的数量与手术的成功率。他认为这关乎自己的名誉，但是我鼓励他从病人的角度审视自己。病人愿意将生命托付给他，而这种信任因为这一事件陷入了危机。

那么怎么做才可以重建信任呢？告诉人们在这位专家的治疗下他们可以获得什么。“手术当天晚上我就能下床走路了”或者是“手术没有带来任何副作用”。

我询问这位专家，他能够采取什么行动。能无偿做手术吗？能担任筹款主席吗？是否资助国外留学的医学生？

这位专家经常会出现在电视中，于是我建议他，每次接受采访时，哪怕是在回答一些与这一事件毫无关系的问题时，比如ACA（抗心磷脂抗体，自身抗体的一种）是什么，都必须把回答带到这个信息上，即“我这一辈子的工作就是确保没有人会死于这种癌症”。不断地重复这一信息也许会让人觉得不舒服、无聊，但是在其医疗实践恢复到诉讼前的水平之前，他必须坚持做这件事，必须将说服对象的经验、价值观和观点，放在自己的经验、价值观和观点的前面。

你的底线是消费者而不是品牌，底线会决定我们前进的时机。这种关系就像选民与公职人员的关系一样。回想一下深陷危机的那些公司，如漏油事件后的石油公司、欺诈事件后的金融机构，以及大肠杆菌引发的疾病暴发后的连锁食品商，这些公司都需要经常向客户公开道歉。

我们鼓励客户以投放广告的方式表示歉意或者发送致歉邮件；如果可能，向所有受到影响的消费者致电道歉会是更好的选择；或者在公司官网上放上道歉横幅也是一个不错的选择。上述所有举动都是重获客户信任的第一步。

但是，公司和人是一样的。它们也会对道歉这一行为感到厌倦。当然，那些犯下错误需要道歉的人，实际上在事情发生后就会立刻被解雇，公司还会制定相关政策和程序确保类似事件不再发生，因此留下来向公众致歉的人实际上并没有犯任何错误，因此他们会厌倦道歉。他们已经准备好了要翻开崭新的一页，而消费者却没有准备好。所以为了让消费者能够记住相关信息，就必须不断重复。这也就意味着公司需要每次在与消费者的互动过程中坚持传达歉意，并且这一过程会持续很长一段时间。

错误的例子

2016 年，伦敦交通管理局决定不再续签优步（Uber）的营业执照，使得优步公司全球范围内的估值一路暴跌，甚至还威胁到了该公司的偿付能力。当时，优步公司新任首席执行官达拉·科斯洛沙希（Dara Khosrowshahi）刚刚上任，他就干了件卸下人们心防的事情。他道歉了，这位首席执行官向全伦敦人民致歉。这种公司基调的新变化不禁让人耳目一新。这家公司此前在其激进的发展策略下未曾退后一步，分毫必争。而现在明显策略大变。尽管致歉使得事情朝着正确的方向有所进展，但是它也进一步说明了公司仍有许多工作需要完成。以下是首席执行官达拉道歉声明中的所有内容条目，其中还包括了马斯兰斯基对此做出的分析，以及我们对达拉表述的更改建议。

回应	分析	回应建议
“我们要感谢在过去几年中使用了优步出行的所有客户，感谢你们对我们的支持……尽管优步变革了人们在城市中的出行方式，但是我们也明白，在这一过程中我们确实做错了事情。”	这是道歉而不是推销。这种自我鼓吹的话语会玷污道歉的诚意，会让人觉得不真诚。	接受受众的观点： “尽管优步在改善城市居民出行方式方面做了不少工作，但是在这一过程中我们也犯下了许多错误。”

续表

回应	分析	回应建议
“我谨代表优步全球范围内的所有员工，为我们犯下的错误道歉。”	别人认为你做了错事时，直接道歉是正确的举措。	道歉： 无须改正。
“我们会对管理局的这一决定提起申诉，但是我们之所以这样做也是因为我们知道自己必须做出改变。我们并不完美，但是我们会倾听您的意见，期待着与我们所服务的城市成为长久的合作伙伴，并且我们会以谦逊诚恳的态度和满腔的热情运营公司的业务。”	这些举措无法直接解决指责中提到的内容。我们只会问：“怎么做呢？”如果没有提出足够具体的举措，优步将自身利益放在首位这样的一种负面评论无法得到消除。	列举出与认定的错误行为相对应的解决措施： “最无法忽视的是，我们做错了事，没有能够采取更多的措施与伦敦交通管理局进行公开对话，告诉他们我们对于客户安全的重视。我的首要任务就是解决这个问题。明天我会搭乘飞机前往伦敦，与伦敦交通管理局局长进行交流。我期待着能够展示给您我们针对提高安全要求采取的措施，确保此类事件不再发生。”
“在伦敦，我们已经开始致力于为该城市做出更多的贡献。我们希望轮椅车可以自由行驶在道路上，希望能够推行我们的清新空气倡议……我在此做出承诺，我们将与伦敦城展开合作，保证优步的顺利运营，同时也确保这座伟大的城市能够安全地运行下去。”	这些举措与问题之间没有联系。该公司可以围绕安全问题采取直接性的举措，但是他们在声明中过多地关注自身的利益，没有将公共利益置于更重要的位置。	列举出与认定的不当行为相对应的改进措施： “我们将努力重新获得营业执照。我们这样做，是因为我们深知自己需要加快变革步伐、进一步提高安全性，并为城市建设做出更多的贡献。我们知道在伦敦有许多人依赖优步出行。在此我向您承诺，我们将与伦敦城展开合作，让优步能够顺利运营，同时也确保这座伟大的城市能够安全地运行下去。”

以身作则

我不知道你们当中有多少人还记得2018年万豪集团（Marriott）的数据泄露事件。这是有史以来最大的数据泄露事件之一，多达5亿客户受到影响。受到威胁的数据包括电子邮件地址、邮寄地址、电话号码、护照号码和加密的客户信用卡信息。

在最初的回应中，万豪集团也犯了许多公司在危机中都会犯的错误：他们认为这一危机是事实问题上的危机，而不是情感上的危机。他们列出的数据冰冷且详尽，包括公司知道和不知道的所有信息，以及公司正在做的事情，而他们却未曾提及消费者的情绪。他们是情绪高涨还是感到恐慌？人们对于万豪集团的信任已经遭到了破坏，并且人们对万豪公司心存怀疑。如果万豪无法解决这一问题，那么他们就无法赢回客户和投资者的信任。下面我们就来看看他们在事件伊始可以采取哪些行动重建信任。

万豪集团的实际反应	万豪集团应该怎样表述
他们使用第三人称，将注意力集中在喜达屋（Starwood）国际酒店上，从而远离了问题。 “万豪集团已经采取措施展开调查并解决了涉及喜达屋国际酒店宾客预订数据库的数据安全问题。 “该公司最近发现有未经授权的一方复制并加密了信息，并采取措施删除了这些信息。”	他们应该证实人们的担忧并承认自己的不足。 “您在使用我们的网站期间，数据本应是安全的。但在11月19日，我们发现喜达屋国际酒店宾客预订的数据库遭到破坏，重回到了2014年的数据状态。您出于对我们的信任告诉了我们您的信息，但是我们却让您失望了。”

续表

万豪集团的实际反应	万豪集团应该怎样表述
他们隐瞒了重要细节。 “这些信息还包括了支付卡的卡号和支付卡到期日期，但支付卡的卡号是经高级加密标准（AES-128）加密过的。 “万豪在调查中获悉，自 2014 年以来，喜达屋网络一直有未经授权的访问。”	他们应该有与客户相一致的目标。 “我们知道您迫切地想要知道这次恶意攻击可能会对您造成什么影响。[XYZ] 数据包括了加密的信用卡对账单。我们尚未弄明白攻击是怎么发生的，以及加密密钥是否已经被拿走。但是我们已经展开了全面的调查。我们正在尽一切努力让事情能够朝着正确的方向进展……”
他们描述了将采取的措施，但是无法让人们安心。 “我们已经建立了专门的在线客服中心和呼叫中心，用以回答您对此次事件的所有困惑。”	他们应该采取行动让人们放心。 “我们已经建立了专门的在线客服中心和呼叫中心，这样您就可以得到所有与事件相关的信息与问题的答案。”
“万豪集团给客人提供了一年的 WebWatcher（网页安全服务软件）免费注册机会。”	“我们为所有希望通过注册 WebWatcher（网页安全服务软件）保护其信息安全的会员支付费用。 “我们将保证调查结果的完全透明，这样您就能够了解我们所做的一切，以及我们会如何预防此类事件再次发生。”
他们重申了自己的目标。 “今天，万豪集团重申了对全球范围内所有客人的承诺。”	他们应该让人们知道集团所遇危机的严重性，并告诉人们下一步的措施。 “这类事件的发生是不能被允许的。我们已经做了充分的准备，会尽我们所能避免此类事件再次发生。我们掌握更多信息后，会继续向您通报所发生的一切及其会对您造成的影响。”

上述例子解释了企业在危机中应如何就核心冲突的应对问题做出决策。我们很容易依赖解释和辩解，但这实际上并没有效果。

遵循上述框架和流程将帮助您以正确的方式处理危机。

总结

当事实不再重要的时候，人们一次又一次地询问我是否还能实现高效的说服。我总是毫不犹豫地回答：当然可以。如果你跟着书中的步骤一步步走下去，你就可以改变他人的观点。我能和你分享的最重要的事情就是：要解放自己的情感和观点，然后让对方的情感融入进来。

我们生活在这样一个“后事实时代”，生活的圈子和身份驱动着我们前进，因此说服实际上并不常见。与持有不同意见的人的交往也变得越来越少。因此，当你以一种意味深长的方式进行沟通时，就会让人产生耳目一新的感觉并起到作用。

花点时间走出自己的舒适区。在这个过程中也许你就可以改变一些人的想法，甚至改变整个世界。

说服计划工作指南

步骤一：明确自己的目标

1. 你的目标是什么？

____

____

____

2. 如果你取得了成功，你希望人们会因此做些什么或是相信些什么？

____

____

____

3. 你的说服对象是谁？你的目标受众是谁？

____

____

____

你的目标受众当前的观点：______________________________

目标受众期望的观点或行动：____________________________

任务说明

清楚、大胆、具体。

你希望自己可以表达些什么?

意识流的内容，有什么说什么，不要想太多。

就是你真正想要表达的内容。

步骤二：他们

实践中产生的积极共鸣

采访你的目标受众，扮演一个具有好奇心的记者角色。如果你发现自己急于得出结论或有情绪化的趋向，那就放慢脚步。你要做的是询问问题。记住，你不能同时具有好奇心而又情绪化。

基于价值观产生的共鸣的相关问题

· 关心与伤害：你认为与这个话题有关的人、团体或公司中哪个案例是错的？你认为他们为什么会这么做？为什么这对你来说很重要？

· 公平与欺骗：你是否认为有人、团体或公司受到了不公平待遇？受到不公平待遇的是谁？你认为他们为什么这么做？为什么这对你来说很重要？你认为是否存在一组人和另一组人待遇不同的情况？

· 忠诚与背叛：你是否认为个人、团体或公司的行为表现出了他们对团队的忠诚度？你认为他们是否缺乏忠诚？为什么这对你来说很重要？

· 权威与颠覆：个人、团体或公司是否表现出了对权威的不尊重？他们的行为是否造成了伤害或混乱？是谁的行为造成了这样的后果？为什么？为什么这对你来说很重要？

· 神圣与堕落：你是否认为有些人违反了礼仪标准，或者做了些他人认为很“恶心”的事情？是谁这么做的？你觉得他们为什么要这么做？为什么这对你来说很重要？

- 自由与压迫：你是否认为有人被剥夺了权利？谁被剥夺了权利？你觉得他们为什么被剥夺了权利？为什么这对你来说很重要？

基于行为产生的共鸣的相关问题

- 现今你对问题/产品/服务有何看法？
- 现今你在问题/产品/服务方面有什么经验？
- 你从哪里了解到的这些经验？
- 你与谁讨论过这个问题/产品/服务？
- 通常来说谁会影响到你？
- 你从哪里获得信息？
- 这个问题/产品/服务会如何影响你的日常生活？
- 这个问题/产品/服务于你而言重要性在哪里？
- 你愿意接受新的观念吗？为什么或者为什么不？
- 你为什么要担任这个职务？

基于情感产生的共鸣的相关问题

假设你是一名记者，正试图构思一个故事，关于这个人为什么会具有现在这种感受的故事。对他产生影响的种族、性别和社会经济因素是什么？思考每一个可能的变量，包括家族起源、童年、第一个与主题相关的好的经历或不好的经历。这就叫作交叉性，是治疗中的专业术语，正是这种交叉性使得这些可能的变量影响到了你的受众，让他们产生了这种感受。

- 告诉我为什么你会对这个主题感兴趣。
- 告诉我你为什么要担任这个职务。
- 你能告诉我更多的相关信息吗？
- 你第一次产生这种感觉是什么时候？

步骤三：联系

了解更多有关目标受众的信息

列出他们在信任你对于问题/产品/服务的看法这方面存在的障碍。

列出这个问题 / 产品 / 服务中你的目标受众认为重要的地方。

列出所有你可以真实可信地传递出的东西。

观点

第一步：列出所有可以支持你观点的依据。

第二步：删除那些会强化目标受众负面信念的内容。

第三步：标注出对目标受众来说最重要的东西。

第四步：分类。

第五步：润色语言表达。

你的观点

观点一：	观点二：	观点三：
依据 1. 2. 3.	依据 1. 2. 3.	依据 1. 2. 3.

主导叙事

第一步：用一句话总结你的观点。

____

____

____

第二步：问自己五个为什么。

1. 这为什么对他们来说很重要？

____

____

____

2. 这为什么对他们来说很重要?

3. 这为什么对他们来说很重要?

4. 这为什么对他们来说很重要?

5. 这为什么对他们来说很重要?

第三步:对照三份清单及核心情绪检查表述。

第四步:对照四 P 检查主导叙事。

可信

积极

客观

直截了当

第五步：重写你的句子。

____

____

____

步骤四：故事

1. 能够最好地说明你的主导叙事的逸闻趣事和故事是什么？

____

____

____

2. 能够最好地说明你的观点一的逸闻趣事和故事是什么？

____

____

____

3. 能够最好地说明你的观点二的逸闻趣事和故事是什么？

____

4. 能够最好地说明你的观点三的逸闻趣事和故事是什么？

填写你的说服计划

<table>
<tr><th colspan="3">你的主导叙事：</th></tr>
<tr><td colspan="3">故事：</td></tr>
<tr><td>观点一：
依据：
1.
2.
3.
故事：</td><td>观点二：
依据：
1.
2.
3.
故事：</td><td>观点三：
依据：
1.
2.
3.
故事：</td></tr>
</table>

使其可视

现在来看看把它们结合起来会产生怎样的效果。主导叙事及每个观点是否让语言表达或象征符号可视起来了？

步骤五：提升

和你的目标受众中的一个或多个坐在一起，然后练习你的语言表达。你要记住：不做判断、保持好奇。这就是帮助你加强叙事的最有力武器。

1. 你听到了什么？
不做评论，请对方听完你的叙述后复述他听到了什么信息。

____

____

____

2. 为什么这个信息对你来说很重要？（如果存在这种信息）
你想要知道这个信息中的部分内容是否与你的目标受众相关。

____

____

____

3. 你行事的不同之处在哪里？这一不同之处会使得这个信息产生

什么结果?

真正有说服力的论据会带来行为和观念上的某些变化。

4. 你学到了什么之前不懂的东西?

5. 对你来说，有没有什么词或短语有特殊意义? 积极或是消极的都可以。

6. 听到这个信息时，你的感受是什么?

我们在书中讨论过变化三角形模型。其中讲到的很重要的一点就是要确保你能够在人们的核心情感上与他们产生共鸣，所以你需要让他们浏览以下内容并填空：

我对于____________感到愤怒，原因是____________。

我对于____________感到难过，原因是____________。

我对于____________感到恐惧，原因是____________。

我对于____________感到厌恶，原因是____________。

我对于____________感到愉快，原因是____________。

我对于____________感到兴奋，原因是____________。

我对于____________感到焦虑，原因是____________。

我对于____________感到羞愧，原因是____________。

我对于____________感到内疚，原因是____________。

致谢

首先，我想感谢的是我的经纪人卢辛达·布鲁门菲尔德。你是我狂热的拥护者，有你在身边会让所有人感到幸运。尼古拉，我的教练，是你让这个如此艰巨的写作任务变得如此简单（其实也没有那么简单啦，但是……）且易达成。我不知道你是怎么做到的，但你就是做到了。一路走来，谢谢你俩成为我的朋友。我希望这只是我们故事的开始。

非常感谢我的编辑玛丽安·利齐和塔奇佩里吉的整支团队，感谢你们付出的所有时间和对我的关心，感谢你们对这本书的信任，也感谢你们不断挑战我的极限，让这本书能够以更好的面貌出现在大众面前。

感谢迈克尔·马斯兰斯基。马斯，你给了我工作机会，因此我会永远感激你。自我在这里工作开始，你始终信任我，并给予我无尽的支持。如果没有你，我不可能会成为现在的我，也不会有现在的地位。

感谢你们，我挚爱的给予我无数鼓舞的同事。你们是如此聪慧，很幸运能与你们相遇。基思、拉里、凯蒂、贾斯汀、克林特、凯瑟琳、妮可、阿里和萨奇，感谢你们对我的帮助，让我能够以最恰到好处的方式讲述这些故事。也感谢你们在我最需要的时候给予我看待问题的新视角和建议，感谢你们给予我的所有支持。李和哈娜，感谢你们做了这么多如此疯狂的工作，从深夜到凌晨毫无怨言，是你们的付出让所有的测试得以顺利进行。艾比、林赛和克里斯，感谢你们给予我精神方面的支持和帮助，是你们的支持让这一切有了发生的可能。

感谢我的客户。你们让我有机会能时刻了解这个世界。你们告诉了我，我可以拥有最好的一切，哪怕我们没有得到正确的信息也无关紧要。每一天，我都对于能够帮助你们讲述自己的故事倍感幸运。

感谢我以前的同事，你们一直都是我的家人。菲弗、詹尼、詹恩，我们作为焦点小组的成员一起环游世界，了解世界和各地人民，最终加深对我们自己的了解。我非常开心能够看到你们在自己的领域里发光发亮。

感谢我的雪罗导师团（正式和非正式的导师，现在和过去的导师都在内）——芭比、巴里、莎伦、克莱尔、奥利维亚、凯西、玛乔丽、丽兹、丽莎、克维、玛丽娜、珍妮特和杰西。我对你们的谢意无以言述。你们给予我的帮助体现在我们那些短短的对话中，也体现在我们那些长时间的深入交谈里。而且有时我猜你们甚至都没有感受到，仅仅是看着你们在事业、为人母亲（或孕育孩子的过程中）和自己的生活中游刃有余的样子，就能够对我产生很大的影响。有人说，如果你能看到有这样的人存在，那么你也可以成为他们。你们每个人都塑造出了我所珍视并渴望成为的样子。你们对这个世界的所有独特贡献都让我和其他许多女性有勇气朝着更好的方向前进。

感谢你，弗兰克。你甚至不知道我从你身上学到了多少东西，但我深谙于心。我学到了很多。我受到了上苍如此的恩惠，才得以与你成为朋友，才有了我今日的成就。

感谢福克斯新闻台的同事。我还未加入其中时，是你们在我还没有任何电视台经验的时候愿意给予我这样一个平台、这样一个机会。从 2015 年开始，我们一起经历了那么多最疯狂的时刻，成了说服力行业的佼佼者。如果不是你们给了我机会，我可能会错过这所有的一切。劳伦、洛朗、李、艾米、凯利·梅、加文、安斯利、史蒂夫、布莱恩，以及 Fox and Friends 公司现在和过去的所有团队，感谢你们在了解受众想法的过程中所付出的无数时间、汗水和泪水（当然有时还有欢笑）。感谢布兰达林、吉赛尔、哈维尔以及整个发型和化妆团队帮助我成为更好的自己，也感谢你们让我相信琪琪告诉我的那句话是对的：一点点粉底和简单的妆容就能让一个女人变得与众不同。

感谢与我在福克斯公司共事的同事。玛丽亚和达根，每周一早上能坐在你们身边办公的梦想终于实现了。你们是行业内当之无愧的翘楚。你们的能力不仅仅是靠勤奋和慷慨就能获得的。米奇，你也很棒哦！加里，谢谢你的支持和敏锐的洞察力。塔米，如果没有你，谁知道我们现在会是怎样的呢？

感谢我的女孩们：维克、克里斯、沙、玛西、杰西、杰基、苏珊、珍、崔西、亚历克斯和吉尔，感谢你们。你们中的任意一个都是一个姑娘可以想象到的最好的朋友的模样。

感谢我的家人。毫无疑问，很多时候我们的意见和观点都不相同，但是我总是能从你们那里学到很多，也听取了你们诸多的意见和看法。正是你们教会了我说服、移情、理解和尊重的最基本的内容。我爱你们，胜过一切言语所能表达。

感谢你们，杰克逊、杰米、摩根、蒂莫西、安德鲁、帕特里克和宝贝 M，你们是新一代的希望，如此独特而又神奇。你们出现在了我的生命里，这真是我的幸运。想要看到真正有意义的改变，那就花点时间去理解那些与你意见不同的人吧。他们会让一切变得与众不同。我知道的是，你们每个人都以自己独特的方式打造出了变革者的模样。

感谢你们，我的妈妈、鲍比、奶奶、爷爷、弗兰尼阿姨、弗雷德叔叔、雪莉阿姨、安德里亚、乔希和爸爸。你们一直支持我追逐梦想，理解我所有的怪癖和激情。你们总是能看到我最好的一面。是你们给予了我信心，这是最棒的赠予。你们的爱与支持，让我获得了无法估量的幸福。

感谢你，约翰，我最好的大哥。是你最早给这本书命名，如果不是你，我想这本书都不会面世。

感谢德鲁，我的丈夫。从我刚开始写作这本书时，你就一直陪伴在我身边。虽然我知道我们并不总是意见统一，但我仍从你那里学到了很多（虽然在你面前我不会这么说）。今年，我们有了一个孩子，还出了一本书，给我们的生活带来了如此巨大的变化。感谢你告诉我，当事情变得困难时，我所需要做的就是像《出埃及记》里所说的那样："平静。"祈祷终于得到了回应，我们是多么幸福啊。没有你，就不会有我们现在拥有的一切。

最后，我想将我的感谢送给玛德琳，我的女儿，我此时此刻最想感谢的对象。你让一切都变得如此美好。我甚至无法找到合适的词汇来描述你的神奇与我对你的爱。你是我梦想成真的见证者。你知道吗，有的时候你甚至比我想象中的还要好。你是如此地完美。我多么幸运能成为你妈妈。"你的出现是如此令人畏惧而又令人惊奇。"（出自《圣经·圣咏》）

图书在版编目（CIP）数据

高效说服力：当事实不再重要，如何说服他人改变主意 /（美）李·哈特利·卡特（Lee Hartley Carter）著；王佳薇译. —杭州：浙江教育出版社，2021.9
ISBN 978-7-5722-1561-2

Ⅰ. ①高… Ⅱ. ①李… ②王… Ⅲ. ①说服—语言艺术—通俗读物 Ⅳ. ① H019-49

中国版本图书馆 CIP 数据核字（2021）第 057879 号

高效说服力：当事实不再重要，如何说服他人改变主意
GAOXIAO SHUOFULI: DANG SHISHI BU ZAI ZHONGYAO, RUHE SHUOFU TAREN GAIBIAN ZHUYI
[美] 李·哈特利·卡特（Lee Hartley Carter）著　王佳薇　译

责任编辑： 赵露丹
美术编辑： 韩　波
责任校对： 马立改
责任印务： 时小娟
出版发行： 浙江教育出版社
（杭州市天目山路 40 号 电话：0571-85170300-80928）
印　　刷： 三河市冀华印务有限公司
开　　本： 880mm× 1230mm　1/ 32
成品尺寸： 145mm× 210mm
印　　张： 8.25
字　　数： 180000
版　　次： 2021 年 9 月第 1 版
印　　次： 2021 年 9 月第 1 次印刷
标准书号： ISBN 978-7-5722-1561-2
定　　价： 56.00 元

如发现印装质量问题，影响阅读，请与本社市场营销部联系调换。
电话：0571-88909719